JUAN ARBELAEZ

Photographies de Fabien Breuil
Stylisme de Sabrina Fauda-Rôle

À TABLE EN 20 MINUTES CHRONO

MARABOUT

SOMMAIRE

LUNCH **6**

PASTA COSI **28**

SOIR DE SEMAINE **50**

APÉRO **80**

DÎNER WAHOU **102**

BRUNCH **134**

TEA TIME **154**

HELLO LES AMIS !

Dans ce livre, je veux partager avec vous ma cuisine, celle de tous les jours, facile, rapide, conviviale et qui fait frétiller les papilles !

C'est pour moi une façon de vous rendre service : les épreuves dues à la situation sanitaire ont ouvert les yeux de beaucoup de Français sur la place de la cuisine dans notre vie et son effet thérapeutique ! C'est une parenthèse dans notre journée où l'on pense à nous et à ceux que l'on aime. La cuisine rassemble, invite à l'union et au partage et on a de plus en plus besoin de se retrouver !

Dans cet ouvrage, je m'invite un peu chez vous : j'ai donc imaginé des recettes pour simplifier votre cuisine du quotidien tout en lui donnant des saveurs incroyables ! Pas besoin d'être un expert pour faire de bons petits plats : je vous donne ici toutes les clés pour twister des recettes réellement accessibles à tous et que vous pourrez concocter en un minimum de temps !

Alors venez avec moi vous évader dans l'univers des bonnes recettes rapides et efficaces et régalons-nous ensemble !

SALADE DE
LENTILLES ROSES

POUR
4 personnes

—

LENTILLES
250 g de lentilles corail
2 pincées de sel

VINAIGRETTE
1 morceau de 2 cm de gingembre frais
1 citron jaune
1 citron vert
Huile d'olive
Fleur de sel
Poivre
1 c. à c. de curry en poudre
10 branches de coriandre

GARNITURE
1 radis red mint
1 radis green mint
8 petits radis roses avec les fanes
100 g de betterave cuite

FINITION
1 poignée de noix de cajou
50 g de tomme de brebis
Pickles d'oignons rouges (voir p. 30)

1 LENTILLES

Faites bouillir une grande casserole d'eau salée, versez les lentilles et laissez-les cuire 8 min. Une fois cuites passez-les sous l'eau froide pour stopper la cuisson.

2 VINAIGRETTE

Pendant ce temps, râpez le gingembre. Fouettez-le avec les zestes et le jus des 2 citrons, 8 c. à s. d'huile d'olive, 3 pincées de sel, 6 tours de moulin à poivre et le curry. Hachez finement les branches de coriandre (réservez quelques feuilles pour la finition) et ajoutez-les à la vinaigrette.

3 GARNITURE

Émincez finement tous les radis à la mandoline. Plongez-les dans un bol d'eau glacée. Coupez les betteraves en petits dés.

4 FINITION

Mélangez les lentilles avec la vinaigrette. Ajoutez la betterave, la moitié des radis, 1 c. à s. d'oignons pickles et mélangez. Présentez la salade dans un plat. Décorez de rondelles de radis, de pickles d'oignons, de fanes de radis et de feuilles de coriandre. Ajoutez des noix de cajou et des copeaux de tomme.

TIPS
Remplacez la tomme de brebis par le fromage de votre choix.

SALADE
CHAMPI-FIGUE

POUR
4 personnes

—

SALADE
1 cœur de salade frisée
5 champignons de Paris
3 grosses figues

VINAIGRETTE
½ échalote
½ botte de ciboulette
1 citron jaune
2 pincées de sel
5 tours de moulin à poivre
4 c. à s. d'huile d'olive
1 c. à c. de moutarde

FINITION
Parmesan
Huile de noisette
Fleur de sel
12 amandes fumées

1 SALADE

Nettoyez les champignons en retirant la peau avec la pointe d'un couteau. Tranchez finement les champignons à la mandoline en laissant la queue de côté. Coupez les figues en fines tranches à l'aide d'un couteau.

2 VINAIGRETTE

Ciselez finement l'échalote et la ciboulette. Dans un bol, mélangez-les avec les zestes et jus du citron, 2 pincées de sel, 5 tours de moulin à poivre, l'huile d'olive et la moutarde.

3 FINITION

Assaisonnez, puis dressez la salade sur une assiette. Disposez la salade au centre de l'assiette puis, sur le dessus, formez un dôme avec les lamelles de champignons et de figues. Ajoutez des copeaux de parmesan, un filet d'huile de noisette, 1 pincée de fleur de sel et les amandes.

TIPS
Remplacez le parmesan par du pecorino.

SALADE NIÇOISE

POUR
4 personnes

—

ŒUFS MOLLETS
3 œufs

SALADE
1 petit poivron rouge
1 petit poivron vert
4 sucrines
250 g de tomates cerises
1 botte de radis

ASSAISONNEMENT
6 c. à s. d'huile d'olive
6 c. à s. de vinaigre de vin ou xérès
1 citron jaune
2 pincées de sel

FINITION
120 g de ventrèche de thon à l'huile
4 filets d'anchois à l'huile
½ oignon rouge
20 olives noires
Fleur de sel
Poivre du moulin

1 ŒUFS MOLLETS

Faites cuire les œufs 8 min dans une grande casserole d'eau bouillante. Plongez-les dans de l'eau froide (avec des glaçons) pour arrêter la cuisson. Écalez-les et réservez-les dans de l'eau froide.

2 SALADE

Lavez les légumes. Épépinez et taillez les poivrons en fines lamelles. Coupez les sucrines et les tomates cerises en 2. Émincez finement les radis.

3 ASSAISONNEMENT

Mettez tous les légumes dans un saladier. Versez-y l'huile d'olive, le vinaigre, le jus de citron, 1 c. à s. d'huile de la ventrèche et 2 pincées de sel. Mélangez bien le tout et dressez joliment dans un plat.

4 FINITION

Coupez les anchois en 2 et l'oignon en rondelles. Coupez les œufs en 2, puis ajoutez-les dans la salade avec le thon émietté et les olives. Finissez avec les filets d'anchois, les rondelles d'oignon, de la fleur de sel et quelques tours de moulin à poivre.

SALADE DE RIZ
À LA GRECQUE

POUR
4 personnes

—

RIZ
200 g de riz basmati
2 pincées de sel

GARNITURE
1 petit poivron jaune
1 petit poivron rouge
1 petit poivron vert
1 oignon rouge
200 g de tomates cerises
½ concombre long
sel, poivre

VINAIGRETTE
Huile d'olive
Sel
Poivre du moulin
2 citrons jaunes

FINITION
100 g de feta
15 olives de Kalamata
Origan séché
1 citron jaune

1 RIZ

Rincez le riz. Faites-le cuire 12 min dans une grande casserole d'eau bouillante salée. Égouttez puis rincez sous l'eau froide. Égouttez-le à nouveau.

2 GARNITURE

Lavez bien tous les légumes. Épépinez les poivrons puis découpez-les en brunoise. Coupez les tomates cerises en 2, le concombre et l'oignon rouge en fines rondelles. Mélangez avec le riz et assaisonnez de sel et de poivre.

3 VINAIGRETTE

Mélangez les 6 c. à s. d'huile d'olive, 2 pincées de sel, 6 tours de moulin à poivre, les zestes et le jus des citrons.

4 FINITION

Mettez le riz dans un grand plat. Disposez par-dessus les légumes puis la feta coupée en gros cubes et les olives. Parsemez d'origan. Assaisonnez avec la vinaigrette.

ROULEAUX
DE PRINTEMPS

POUR
4 personnes

—

ROULEAUX
200 g de crevettes
16 à 20 cuites
et décortiquées
2 petites carottes
10 cm de concombre
½ oignon rouge
½ mangue
8 feuilles de riz
4 feuilles de batavia
100 g de pousses
de soja
16 feuilles de menthe
8 brins de coriandre

SAUCE
4 c. à s. de sauce soja
6 c. à s. de mirin
ou vinaigre de riz

1 Coupez les crevettes en 2 dans la longueur. Découpez la mangue et le concombre en bâtonnets, et la carotte et l'oignon en fines lamelles.

2 Trempez 2 feuilles de riz, chacune leur tour, pour les ramollir, puis superposez-les.

3 Posez au centre ½ feuille de salade, 3 lamelles d'oignon, 1 bâtonnet de mangue, des pousses de soja, 2 lamelles de carotte, 2 feuilles de menthe, 1 branche de coriandre, 1 bâtonnet de concombre, 2 demi-crevettes.

4 Rabattez les côtés des feuilles de riz sur la garniture.

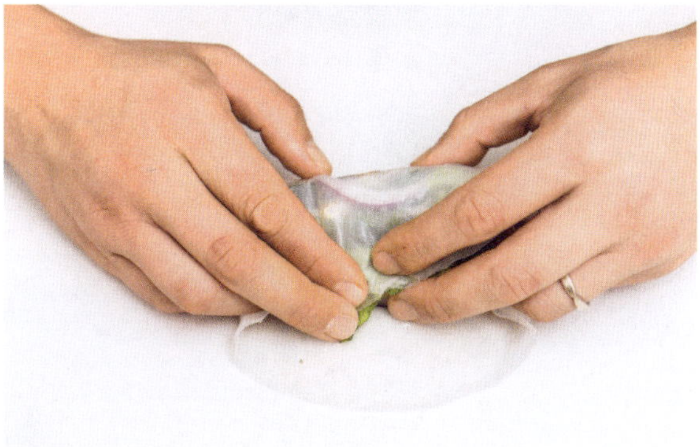

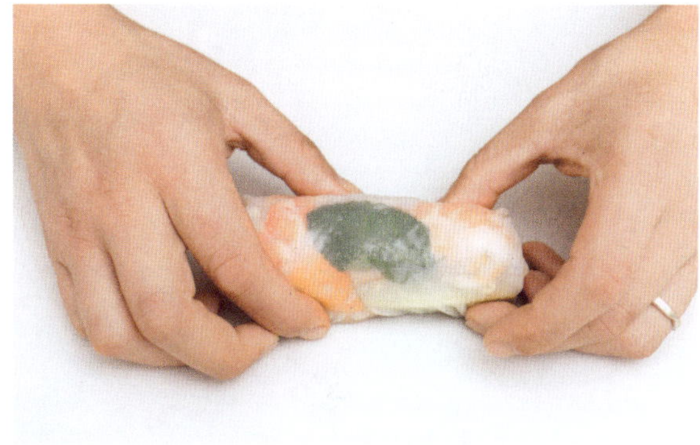

5 Roulez en serrant bien pour enfermer toute la garniture de manière à former un joli rouleau.

6 Retournez le rouleau et assurez-vous qu'il est bien hermétique. Préparez la sauce en mélangeant la sauce soja et le mirin.

Twistez cette recette en remplaçant les crevettes par du poulet ou, pour une version veggie, du halloumi ou du tofu.

TABOULÉ
LIBANAIS

POUR
4 personnes

—

BOULGOUR
2 pincées de sel
50 g de boulgour

GARNITURE
1 oignon rouge
5 radis roses
1 tomate
½ botte de persil
½ botte de coriandre
½ botte de cerfeuil
½ botte de basilic
½ botte de menthe
3 cébettes

ASSAISONNEMENT
8 c. à s. d'huile d'olive
2 pincées de sel
1 citron jaune
1 citron vert
1 c. à c. de cumin moulu
1 c. à c. de graines de coriandre
1 c. à c. de graines de fenouil
10 tours de moulin à poivre

1 BOULGOUR

Faites bouillir de l'eau salée dans une grande casserole, versez le boulgour et laissez cuire 10 min. Égouttez et rincez sous l'eau froide. Réservez.

2 GARNITURE

Émincez finement l'oignon rouge et les radis. Coupez la tomate en petits dés. Rincez, essorez et ciselez les herbes. Émincez finement les cébettes. Mélangez les herbes avec les tomates, l'oignon, les radis, les cébettes et le boulgour.

3 ASSAISONNEMENT

Assaisonnez la salade avec 8 c. à s. d'huile d'olive, 2 pincées de sel, le jus et les zestes des citrons, le cumin, les graines de coriandre, les graines de fenouil, les 10 tours de moulin à poivre et mélangez le tout. Dressez dans un grand plat et dégustez.

TIPS
Utilisez les herbes de votre choix.

SALADE DE BOULGOUR

POUR
4 personnes

—

BOULGOUR
1 pincée de sel
200 g de boulgour

GARNITURE
1 oignon rouge
4 tomates de couleur (ananas, crimée, green zebra…)
8 dattes dénoyautées
10 branches de coriandre

ASSAISONNEMENT
1 c. à c. de cumin moulu
1 c. à c. de graines de coriandre
5 c. à s. d'huile d'olive
2 c. à s. de vinaigre de xérès
3 pincées de fleur de sel
5 tours de moulin à poivre

FINITION
1 c. à s. de pistaches non salées
Fleur de sel
1 citron jaune
1 piment rouge

1 BOULGOUR

Faites bouillir de l'eau salée dans une grande casserole, versez le boulgour et laissez cuire 10 min. Égouttez et rincez sous l'eau froide. Réservez.

2 GARNITURE

Ciselez finement l'oignon rouge. Coupez les tomates en quartiers fins. Hachez les dattes et les branches de coriandre en réservant les feuilles. Dans un grand bol, mélangez le tout avec le boulgour.

3 ASSAISONNEMENT

Mélangez le cumin, les graines de coriandre, l'huile d'olive, le vinaigre, les 3 pincées de sel et 5 tours de moulin à poivre. Versez sur le boulgour et dressez dans un grand plat.

4 FINITION

Parsemez les feuilles de coriandre et les pistaches. Finissez par une pincée de fleur de sel, les zestes et le jus du citron. Émincez le piment rouge et finissez le dressage à votre guise.

TIPS

Si vous n'aimez pas les dattes ou que vous n'en trouvez pas, des abricots ou des figues séchés feront très bien l'affaire.

FALAFELS

POUR
4 personnes

—

FALAFELS
250 g de pois chiches trempés 1 nuit dans de l'eau à hauteur
½ oignon
1 gousse d'ail
6 branches de persil
6 branches de menthe
150 g de quinoa cru
1 citron
2 c. à s. de zaatar
1 c. à c. de curry
2 c. à s. de tahini
Sel
Huile de tournesol

SAUCE
150 g de yaourt grec
½ citron (jus et zeste)
1 c. à s. d'huile d'olive
2 branches de persil
10 feuilles de menthe
Sel, poivre

1 Épluchez et émincez l'oignon et l'ail, effeuillez les herbes et hachez le tout grossièrement. Prélevez la moitié du zeste de citron avec un économe.

2 Égouttez les pois chiches, gardez l'eau. Mettez-les dans un mixeur avec le reste des ingrédients et 350 g d'eau des pois chiches. Mixez jusqu'à obtenir une texture homogène.

3 Faites chauffer l'huile à 180 °C dans une grande cocotte ou une friteuse. Formez des quenelles à l'aide de 2 cuillères à soupe.

4 Plongez-les 1 à 1 dans l'huile chaude.

5 Laissez cuire jusqu'à ce qu'elles soient bien dorées.

6 Pour la sauce, ciselez les herbes et mélangez-les au yaourt avec le jus et le zeste de citron, l'huile d'olive, du sel et du poivre.

CLUB SANDWICH

POUR
2 clubs

—

INGRÉDIENTS
1 c. à s. de sauce soja
1 pincée d'épices tandoori
1 filet de poulet de 100 g
2 œufs
3 tranches de bacon
3 tranches de pain de mie
1 sucrine
1 c. à s. de mayonnaise
10 tomates cerises
1 salade trévise

1 Préchauffez le four à 180 °C.

2 Mélangez la sauce soja et les épices tandoori dans un plat, déposez le filet de poulet et laissez mariner.

3 Faites bouillir une casserole d'eau, plongez les œufs et laissez-les cuire 10 min. Laissez-les refroidir dans de l'eau glacée, puis écalez-les et coupez-les en rondelles.

4 Posez les tranches de bacon sur du papier sulfurisé, ainsi que le poulet mariné. Enfournez 10 min. En attendant, faites toaster les tranches de pain.

5 Émincez la sucrine et mélangez-la avec la mayonnaise. Coupez les tomates cerises en fines tranches. Effeuillez la trévise. Sortez le bacon et le poulet du four. Coupez le filet de poulet en fines tranches.

6 Posez une tranche de pain grillée, puis superposez une couche de sucrine à la mayonnaise, une couche de tranches de poulet, une couche de tranches d'œuf dur, 1 feuille de trévise, 1 tranche de bacon coupée en 2 et la moitié des tomates cerises. Ajoutez dessus une tranche de pain grillée. Répétez l'ensemble des couches 1 fois en finissant par une tranche de pain grillée.

7 Disposez deux piques pour maintenir le club sandwich, puis découpez-le afin d'obtenir 2 triangles avant de servir.

COOKIES
FLOCONS D'AVOINE

POUR
10 cookies

—

INGRÉDIENTS
225 g de flocons d'avoine
2 bananes
125 g de beurre de cacahuète
1 c. à s. de sirop d'érable ou sirop d'agave
1 c. à s. d'huile de coco
40 g de graines de courge
40 g de cranberries séchées

1 Préchauffez le four à 200 °C. Épluchez les bananes et écrasez-les en purée. Mélangez cette purée avec le reste des ingrédients.

2 Formez des petites boules de pâte avec vos mains et disposez-les sur une plaque de cuisson préalablement recouverte de papier sulfurisé. Écrasez les boules à l'aide de la paume de votre main pour former de jolis cookies.

3 Enfournez 12 min. Laissez tiédir les cookies avant de les déguster.

ENERGY BALLS

POUR
15 balls

—

INGRÉDIENTS
150 g de flocons d'avoine
300 g de dattes medjoul
100 g de noix de cajou

TOPPINGS
2 c. à s. de poudre d'amande
2 c. à s. de thé vert matcha
2 c. à s. de noix de coco râpée
2 c. à s. de graines de chia
2 c. à s. de graines de lin

1 Mixez les flocons d'avoine, les dattes dénoyautées et les noix de cajou jusqu'à obtenir une consistance homogène.

2 Formez des boules de 3-4 cm de diamètre à l'aide de la paume de vos mains.

3 Roulez ces boules dans les différents toppings : poudre d'amande, matcha, coco râpée, graines de chia ou graines de lin.

TIPS
Les energy balls se conservent plusieurs jours au réfrigérateur dans une boîte hermétique.

COQUILLETTES
AU PESTO

POUR
4 personnes

—

PÂTES
320 g de coquillettes
2 pincées de sel

PESTO
2 bouquets de basilic effeuillés
Le zeste de 2 citrons et le jus de 1 citron
1 gousse d'ail pelée et dégermée
20 g de pignons de pin
90 g de parmesan
4 tours de moulin à poivre
Huile d'olive

ASTUCE
Si vous souhaitez conserver le pesto plusieurs jours, ajoutez le jus de citron juste avant utilisation.

1 Faites cuire les coquillettes dans l'eau bouillante salée pendant 4 min. Pendant ce temps, mixez tout les éléments du pesto. Réservez un peu de parmesan et 4 feuilles de basilic.

2 Égouttez les coquillettes puis remettez-les dans la casserole avec une louche d'eau de cuisson. Faites à nouveau cuire 2 min.

3 Hors du feu, ajoutez les ¾ du pesto et 4 c. à s. d'huile d'olive. Mélangez.

4 Servez et ajoutez dans chaque assiette un peu de pesto restant, du parmesan fraîchement râpé et 1 feuille de basilic.

SALADE DE PÂTES

POUR
4 personnes

—

PÂTES
300 g de fusilli
2 pincées de sel

OIGNONS PICKLES
½ oignon rouge
20 cl de vinaigre blanc
50 g de sucre

GARNITURE
Sel
12 radis
150 g de bouquets
de brocoli
150 g de tomates cerises

VINAIGRETTE
1 grosse tomate bien mûre
1 c. à c. de moutarde
de Dijon
1 c. à s. de pesto (voir p. 28)
Sel fin
1 citron

FINITION
10 feuilles de persil
10 feuilles de basilic
2 c. à s. d'olives de Kalamata
Fleur de sel
Poivre du moulin

1 OIGNONS PICKLES

Épluchez et émincez l'oignon. Faites bouillir le vinaigre avec le sucre et 5 cl d'eau. Versez sur l'oignon et laissez reposer.

2 GARNITURE

Faites bouillir une casserole d'eau salée, plongez les radis 1 min 30, ajoutez les brocolis 30 sec. Récupérez les légumes à l'aide d'une écumoire et plongez-les dans un bol d'eau avec des glaçons. Placez-les sur un papier absorbant. Gardez l'eau pour la cuisson des pâtes. Coupez les radis et les tomates cerises en 2, les bouquets de brocoli en 4.

3 PÂTES

Dans la même eau, faites cuire les pâtes pendant 8 min. Égouttez, rincez à l'eau froide et réservez.

4 VINAIGRETTE

Mixez la tomate avec la moutarde, le pesto, 3 pincées de sel et le jus du citron.

5 FINITION

Ciselez le persil et le basilic. Mettez dans un saladier les pâtes, les légumes, les herbes ciselées, les olives, les pickles d'oignons, la vinaigrette et mélangez. Dressez dans un plat. Arrosez d'un filet d'huile d'olive et assaisonnez de fleur de sel et de poivre moulu.

TIPS

Ajoutez de la feta émiettée ou, pour une version non végétarienne, de la ventrèche de thon en morceaux.

LINGUINI
À LA JUANITHAÏ

POUR
4 personnes

—

SAUCE CURRY COCO
20 cl de lait de coco
1 c. à c. de pâte de curry rouge

PÂTES
320 g de linguini
2 pincées de sel

CHAPELURE
1 échalote
4 c. à s d'huile d'olive
4 c. à s. de chapelure (ou du pain grillé mixé ou du panko, une chapelure japonaise très légère)

FINITION
20 feuilles de persil
Parmesan
1 citron

1 SAUCE CURRY COCO

Mettez la pâte de curry et le lait de coco dans une petite casserole. Laissez mijoter à feu doux.

2 PÂTES

Faites cuire les pâtes dans une grande casserole d'eau salée pendant 3 min de moins que le temps indiqué sur le paquet. Égouttez-les, récupérez 1 louche d'eau de cuisson, puis remettez le tout dans la casserole. Ajoutez la sauce curry coco, puis finissez la cuisson à feu doux pendant 3 min, en remuant régulièrement.

3 CHAPELURE

Émincez l'échalote. Dans une poêle, faites-la revenir dans l'huile à feu moyen-vif pendant 2 min. Ajoutez la chapelure et faites revenir le tout jusqu'à obtenir une coloration dorée (comptez 3-4 min).

4 FINITION

Ciselez finement le persil. Dressez les pâtes dans une assiette. Parsemez de persil ciselé et de parmesan râpé, ajoutez du zeste de citron et saupoudrez de chapelure à l'échalote. Dégustez.

TIPS
Ajustez l'assaisonnement en sel en fonction de la pâte de curry utilisée.

PÂTES
À LA SAUCISSE

POUR
4 personnes

—

PÂTES
320 g de rigatoni
2 pincées de sel

SAUCE
1 saucisse de Morteau de 250 g (ou autre saucisse fumée)
1 oignon
1 gousse d'ail
300 g de passata
6 c. à s. d'huile d'olive
6 feuilles de basilic

FINITION
Parmesan
Poivre du moulin
Fleur de sel
4 feuilles de basilic

1 SAUCE

Émincez l'oignon, écrasez la gousse d'ail épluchée à l'aide du plat du couteau pour en faire une purée. Coupez la saucisse en petits dés. Dans une poêle, faites revenir dans 3 c. à s. d'huile d'olive l'oignon, l'ail et les dés de saucisse pendant 2 min. Ajoutez la passata, 6 feuilles de basilic ciselées et 3 c. à s. d'huile d'olive puis laissez mijoter.

2 PÂTES

Pendant ce temps, faites cuire les rigatoni dans une casserole d'eau bouillante salée pendant 3 min de moins que le temps indiqué sur le paquet. Égouttez les pâtes en gardant une belle louche d'eau de cuisson, puis remettez-les dans la casserole avec l'eau de cuisson. Prélevez 4 c. à s. de sauce, puis mélangez le reste avec les pâtes. Remettez sur feu moyen pour terminer la cuisson des pâtes pendant 3 min.

3 FINITION

Dressez une belle louche de pâtes dans une assiette creuse. Ajoutez 1 cuillerée de sauce par-dessus. Râpez le parmesan. Assaisonnez de fleur de sel, de quelques tours de moulin à poivre et d'une feuille de basilic.

PENNE
ARRABIATA

POUR
4 personnes

—

SAUCE ARRABIATA
1 oignon
1 gousse d'ail
1 piment vert
1 piment oiseau séché
6 c. à s. d'huile d'olive
250 g de passata

PÂTES
320 g de penne
2 pincées de sel

FINITION
15 feuilles de basilic
15 feuilles de persil
Sel fin
Pecorino

1 SAUCE ARRABIATA

Ciselez finement l'oignon. Hachez et écrasez la gousse d'ail plusieurs fois avec le plat du couteau pour obtenir une purée. Émincez finement les piments vert et oiseau. Faites chauffer 3 c. à s. d'huile d'olive dans une casserole sur feu moyen-vif. Ajoutez l'ail et l'oignon. Laissez cuire 2 min en remuant jusqu'à ce qu'ils deviennent translucides. Ajoutez les piments (gardez un peu de piment vert), laissez revenir 1 min. Ajoutez la passata. Versez 3 c. à s. d'huile d'olive, 1 pincée de sel, mélangez et laissez mijoter à feu moyen.

2 PÂTES

Pendant ce temps, faites cuire les penne dans une grande casserole d'eau bouillante salée 3 min de moins que le temps indiqué sur le paquet. Égouttez les pâtes en gardant 1 louche d'eau de cuisson. Remettez-les dans la casserole avec l'eau de cuisson et ajoutez la sauce arrabiata. Laissez cuire encore 3 min.

3 FINITION

Ciselez les herbes, ajoutez-les aux pâtes hors du feu, mélangez, goûtez et ajustez l'assaisonnement. Servez avec le reste de piment vert et du pecorino râpé.

« Le plat de pâtes à la sauce tomate parfait est celui où la sauce accroche si bien les pâtes qu'il n'en reste aucune goutte lorsque l'assiette est terminée. »

Denny Imbroisi, chef italien

CACIO E PEPE

POUR
4 personnes

—

PÂTES
320 g de spaghetti n° 5 ou 7
2 pincées de sel

SAUCE
70 g de pecorino
1 c. à s. de poivre en grains
2 c. à s. d'huile d'olive

FINITION
Pecorino

1 PÂTES

Dans une grande casserole d'eau bouillante salée, faites cuire les spaghetti 3 min de moins que le temps indiqué sur le paquet. Égouttez et récupérez 3 louches d'eau de cuisson.

2 SAUCE

Râpez le pecorino. Écrasez le poivre dans un mortier ou avec le dessous d'une casserole sur un plan de travail. Faites torréfier le poivre dans une poêle 30 sec sur feu moyen-vif, puis ajoutez les 3 louches d'eau de cuisson des pâtes. Hors du feu, ajoutez le pecorino râpé, l'huile d'olive et les pâtes. Mélangez le tout avec une spatule en faisant des va-et-vient jusqu'à obtenir une sauce crémeuse (comptez 1 à 2 min).

3 FINITION

Réchauffez si nécessaire sans porter à ébullition. Servez avec du pecorino fraîchement râpé.

LINGUINE AGLIO
OLIO E PEPPERONCINI

POUR
4 personnes

—

PÂTES
320 g de linguine
2 pincées de sel

SAUCE
2 gousses d'ail
15 feuilles de persil
Piment d'Espelette en poudre
4 c. à s. d'huile d'olive
1 citron jaune

1 Faites cuire les linguine dans une grande casserole d'eau bouillante salée, 3 min de moins que le temps indiqué sur le paquet.

2 Pendant ce temps, taillez l'ail très très finement, l'idéal étant d'avoir des lamelles presque transparentes.

3 Faites chauffer 4 c. à s. d'huile dans une cocotte à feu moyen-vif. Ajoutez les lamelles d'ail et laissez cuire 30 sec.

4 Ajoutez 2 louches d'eau de cuisson des pâtes.

5 Égouttez les pâtes et ajoutez-les dans la cocotte. Remuez et laissez cuire 3 min de plus.

6 Ajoutez le persil et 3 pincées de piment d'Espelette. Mélangez. Servez immédiatement avec quelques zestes de citron râpé.

CARBONARA

POUR
4 personnes

—

SAUCE CARBONARA
200 g de pancetta
3 œufs
4 tours de moulin à poivre
100 g de parmesan

PÂTES
320 g de tagliatelle fraîches
Sel

FINITION
4 jaunes d'œufs
1 pincée de poivre du moulin

1 SAUCE CARBONARA

Retirez la couenne de la pancetta. Coupez la pancetta en lardons et réservez 6 belles tranches pour la finition. Faites revenir les lardons dans une casserole sans matières grasses sur feu moyen-vif jusqu'à obtenir une belle coloration. Pendant ce temps, mélangez dans un bol 2 jaunes et 1 œuf entier avec le poivre et 80 g de parmesan râpé. Fouettez vigoureusement jusqu'à obtenir une texture crémeuse-mousseuse.

2 PÂTES

Faites cuire les tagliatelle dans une casserole d'eau bouillante salée pendant 2 min. Égouttez-les en gardant 2 louches d'eau de cuisson et versez-les dans la casserole des lardons. Ajoutez la sauce à base d'œufs et parmesan, puis mélangez le tout pour former une sauce bien soyeuse et nappante. Réchauffez si nécessaire sans faire bouillir pour éviter la coagulation des œufs.

3 FINITION

Servez les tagliatelle avec un jaune d'œuf cru par personne, les fines tranches de pancetta, du poivre du moulin et des copeaux de parmesan.

CONCHIGLIONI
COURGETTES ET FETA

POUR
4 personnes

—

PASTA
240 g de conchiglioni
2 pincées de sel

GARNITURE
2 courgettes
3 branches d'estragon
1 gousse d'ail
1 échalote
4 tomates
3 c. à s. d'huile d'olive
10 cl de vin blanc
100 g de feta
15 olives de Kalamata dénoyautées et coupées en deux
Sel, poivre du moulin

FINITION
1 poignée de graines de courge
Huile d'olive

1 PASTA

Faites cuire les pâtes 1 min de moins que le temps de cuisson indiqué sur le paquet dans une grande casserole d'eau salée.

2 GARNITURE

Coupez les courgettes en fines lanières avec un économe jusqu'au cœur. Effeuillez et ciselez l'estragon. Écrasez la gousse d'ail avec le plat du couteau pour en faire de la purée. Émincez l'échalote. Coupez les tomates en tout petits dés. Faites chauffer 3 c. à s. d'huile d'olive dans une sauteuse à feu vif, ajoutez l'ail, l'échalote et les courgettes. Faites sauter 3 min à feu vif. Déglacez avec le vin blanc. Hors du feu, ajoutez la feta émiettée (en garder 1 c. à s. pour la finition), l'estragon, les tomates, les olives et une pincée de poivre. Goûtez et rectifiez l'assaisonnement en sel.

3 FINITION

Égouttez les pâtes et versez-les dans la poêle. Mélangez. Servez parsemé de graines de courge, de feta émiettée et arrosé d'huile d'olive. Dégustez chaud ou froid.

TIPS
Relevez ce plat avec une pincée de piment d'Espelette.
Le cœur des courgettes peut être gardé et cuit dans une ratatouille ou une soupe de courgettes froide.

PÂTES FRAÎCHES

POUR
4 personnes

—

INGRÉDIENTS
200 g de farine T45
2 œufs
Sel fin
Huile d'olive

Faites un tas avec la farine et creusez un puits au centre.

1 Cassez les œufs dans le puits de farine.

2 Ajoutez 1 pincée de sel et 2 c. à s. d'huile d'olive.

3 Battez les œufs avec une fourchette.

4 Incorporez petit à petit la farine pour épaissir l'appareil.

5 Écrasez la pâte avec la paume de la main jusqu'à former une boule homogène.

6 Continuez de pétrir 3 à 4 min en écrasant avec la paume de la main pour donner de l'élasticité à la pâte.

Laissez la pâte reposer au frais minimum 10 min (et jusqu'à 2 jours maximum).

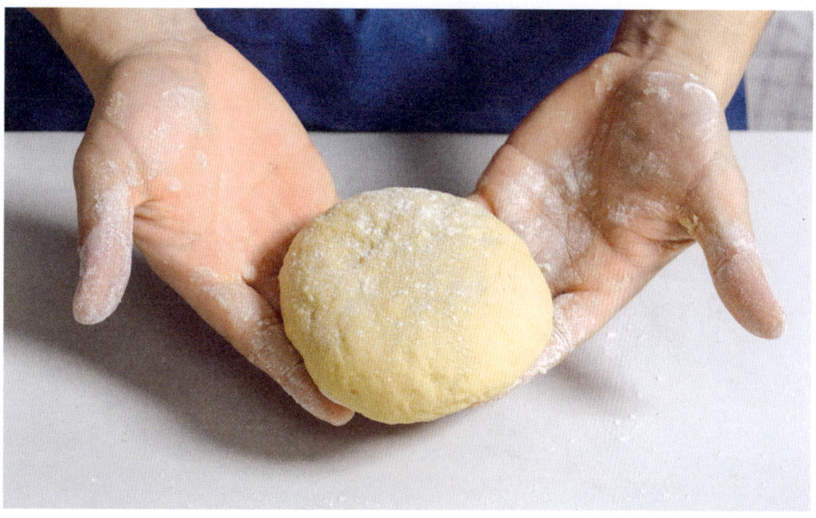

RAVIOLES
ÉPINARDS RICOTTA

POUR
4 personnes

—

FARCE
1 petite gousse d'ail
1 petite échalote
Huile d'olive
2 poignées de pousses d'épinards
10 feuilles de basilic
Sel fin
100 g de ricotta
Poivre du moulin

RAVIOLES
80 g de pâte à pâtes fraîches (voir p. 46)
1 œuf battu
Farine
Huile d'olive
30 g de beurre

FINITION
Parmesan, citron et basilic

1 Épluchez l'ail et retirez le germe. Écrasez la gousse à plusieurs reprises avec le plat du couteau pour en faire une purée. Épluchez et ciselez finement l'échalote.

2 Faites chauffer 1 c. à s. d'huile d'olive sur feu fort, ajoutez l'ail et l'échalote et faites revenir 30 sec. Ajoutez les épinards et le basilic et laissez cuire encore 30 sec en remuant.

3 Salez, mélangez et débarrassez dans un bol. Ajoutez la ricotta, 3 tours de moulin à poivre et mélangez.

4 Étalez très finement la pâte dans la longueur à l'aide d'un rouleau à pâtisserie ou d'une machine à pâte de manière à obtenir 2 à 3 mm d'épaisseur.

5 Coupez des disques de pâte de 8 cm de diamètre. Posez 1 c. à c. de farce au centre de chaque disque. Badigeonnez le pourtour d'œuf battu à l'aide d'un pinceau.

6 Fermez le cercle en pressant les bords l'un contre l'autre pour bien les souder. Plongez les doigts dans la farine au fur et à mesure pour qu'ils ne collent pas à la pâte.

7 Plongez les ravioles 2 min dans de l'eau bouillante salée. Égouttez-les et posez-les dans un plat badigeonné d'huile d'olive pour qu'elles ne collent pas.

8 Faites chauffer le beurre dans la poêle à feu moyen jusqu'à ce qu'il brunisse légèrement et dégage une odeur de noisette. Ajoutez les ravioles et faites-les tourner 30 sec.

Parsemez de parmesan râpé, de basilic ciselé et de zestes et jus de citron. Dégustez sans attendre.

SOUPE
DE LENTILLES CORAIL

POUR
4 personnes

—

SOUPE
1 gousse d'ail
1 échalote
1 oignon
Huile d'olive
300 g de lentilles corail
Sel, poive du moulin
Curcuma moulu

GARNITURE
200 g de poitrine fumée
2 c. à s. de crème épaisse

FINITION
½ bouquet de ciboulette
20 noisettes concassées

1 SOUPE

Épluchez l'ail, l'échalote et l'oignon. Émincez le tout finement. Faites chauffer 3 c. à s. d'huile d'olive et faites-y revenir ail, échalote et oignon 1 min. Ajoutez les lentilles, 1 l d'eau, 2 pincées de sel. Portez à ébullition et laissez mijoter 10 min à feu moyen.

2 GARNITURE

Découpez la poitrine en lardons. Disposez-les dans une poêle froide à sec, puis posez sur feu moyen et laissez cuire jusqu'à ce que le gras fonde et que les lardons soient bien dorés. Mettez quelques lardons de côté pour la finition. Versez 3 c. à s. d'eau dans la poêle pour déglacer. Ajoutez la crème épaisse. Mélangez et stoppez la cuisson.

3 FINITION

Mixez la préparation pour obtenir une soupe onctueuse et lisse. Assaisonnez de sel, poivre et curcuma selon votre goût. Disposez 1 c. à s. de crème au lard au fond de l'assiette et versez la soupe dessus. Décorez de ciboulette ciselée, de noisettes concassées, de quelques gouttes de crème au lard et de lardons croustillants.

SALADE
BUTTERNUT, CHOU KALE, MANDARINE

POUR
4 personnes

—

SALADE
4 feuilles de chou kale (ou autre chou : rouge, frisé...)
1 petit butternut (800 g)

ASSAISONNEMENT
Le zeste de 2 mandarines
2 citrons verts
Sel
1 petit bouquet de coriandre
15 feuilles de basilic
Huile d'olive
Sel
Poivre du moulin

FINITION
Les segments des mandarines
20 amandes

1 SALADE

Coupez les feuilles de chou le long de la tige pour ne garder que la partie frisée. Plongez-les 15 sec dans une casserole d'eau bouillante salée. Égouttez-les et plongez-les dans de l'eau glacée. Essorez. Épluchez le butternut et coupez de fines lamelles à l'aide d'un économe pour obtenir des tagliatelle.

2 ASSAISONNEMENT

Râpez le zeste des mandarines et des citrons verts et pressez les citrons pour récupérer le jus. Mélangez le butternut et le chou kale avec le jus de citron vert et 1 pincée de sel. Ajoutez les tiges de coriandre et les feuilles de basilic ciselées. Mélangez et dressez dans une belle assiette ou un grand bol.

3 FINITION

Pelez les mandarines et récupérez les segments. Ajoutez les segments de mandarine, les amandes et quelques feuilles de coriandre.

TIPS
Il faut peler 2 fois de suite le butternut pour bien retirer la peau.

SALADE
BETTERAVE CHÈVRE

POUR
6 personnes

—

SALADE
5 feuilles de chou kale
Sel
50 g de fromage de chèvre sec
1 kg de betteraves cuites
10 feuilles de basilic
4 radis

ASSAISONNEMENT
3 c. à s. d'huile d'olive
3 c. à s. de vinaigre balsamique
2 pincées de sel
1 pincée de piment d'Espelette

FINITION
50 g de graines de courge
50 g de cerneaux de noix

1 SALADE

Retirez la tige centrale des feuilles de chou kale. Plongez-les 30 sec dans une casserole d'eau bouillante salée, mettez-les tout de suite sous l'eau froide et essorez-les légèrement. Coupez le fromage de chèvre en copeaux. Pelez les betteraves et coupez-les en rondelles. Ciselez grossièrement les feuilles de basilic. Rincez les radis et coupez-les en rondelles.

2 ASSAISONNEMENT

Mélangez l'huile d'olive avec le vinaigre balsamique, le sel et le piment d'Espelette.

3 FINITION

Dressez harmonieusement les différents ingrédients dans un plat. Parsemez de graines de courge et de cerneaux de noix et arrosez de vinaigrette.

TACOS
DE SALADE

POUR
4 personnes

—

GARNITURE
1 oignon
1 petit poivron jaune
1 petit poivre rouge
Huile d'olive
250 g de chair à saucisse

SALADE
1 salade verte (batavia/laitue/feuille de chêne)

YAOURT ASSAISONNÉ
150 g de yaourt grec
Huile d'olive
1 citron vert
Poivre du moulin
Sel

FINITION
200 g de chou rouge
2 c. à s. d'oignons pickles (voir p. 30)
Sel
1 piment rouge long
1 petit bouquet de coriandre

1 GARNITURE

Émincez finement l'oignon et les poivrons. Faites chauffer 2 c. à s. d'huile d'olive, ajoutez l'oignon et laissez cuire 1 min sur feu vif. Ajoutez la chair à saucisse et laissez cuire 1 min en remuant. Ajoutez les poivrons, faites cuire 1 min. Baissez sur feu moyen et continuez la cuisson.

2 SALADE

Retirez le trognon de la salade et gardez les plus belles feuilles, environ une douzaine.

3 YAOURT ASSAISONNÉ

Mélangez le yaourt, 1 c. à s. d'huile d'olive, le zeste râpé du citron vert, 3 tours de moulin à poivre, 1 pincée de sel.

4 FINITION

Émincez le chou rouge et mélangez-le avec les oignons pickles, 1 pincée de sel et 2 c. à s. du vinaigre de marinade des pickles. Émincez le piment finement. Remplissez chaque feuille de salade de 1 c. à c. de yaourt assaisonné. Ajoutez 1 cuillerée de garniture, puis 1 cuillerée de mélange de chou et oignons pickles. Finissez avec des feuilles de coriandre et quelques lamelles de piment à votre goût. Rabattez la salade sur la garniture et dégustez !

TIPS

Vous pouvez remplacer la chair à saucisse par de la viande de bœuf hachée.

COUSCOUS
DE CHOU-FLEUR

POUR
6 personnes

—

BOUILLON ET GARNITURE
1 carotte jaune
1 carotte orange
1 courgette
½ oignon rouge
6 merguez
250 g de pois chiches en conserve
2 pincées de sel
1 c. à s. de harissa
Huile d'olive

SEMOULE
1 chou-fleur
3 pincées de sel
2 c. à s. d'huile d'olive

FINITION
1 botte de persil

1 BOUILLON ET GARNITURE

Portez 2 l d'eau à ébullition. Taillez les carottes en gros dés, la courgette en rondelles de 1 cm et émincez l'oignon rouge. Plongez carottes, courgette, oignon rouge, merguez, pois chiches, sel et harissa dans l'eau bouillante. Sortez les merguez au bout de 5 min et saisissez-les dans une poêle bien chaude avec un filet d'huile d'olive.

2 SEMOULE

À l'aide d'un mixeur ou d'une râpe à fromage, râpez le chou-fleur pour obtenir une semoule fine. Assaisonnez-la de sel et d'huile d'olive.

3 FINITION

Versez la semoule de chou-fleur dans un grand plat en formant un creux au milieu. À l'aide d'une passoire, filtrez le bouillon et recueillez-le dans un grand bol. Placez les légumes sur la semoule. Parsemez de persil effeuillé. Placez tous les éléments au centre de la table et dégustez !

OMELETTE

POUR
4 personnes

—

GARNITURE
½ oignon
1 gousse d'ail
200 g de cèpes
100 g de tomme de vache
1 petit bouquet de ciboulette

OMELETTE
12 œufs
Sel fin
40 g de beurre demi-sel

FINITION
Fleur de sel
Poivre du moulin

1 Ciselez l'oignon. Écrasez la gousse d'ail en purée avec la lame d'un couteau. Coupez les cèpes en dés. Pelez la tomme et coupez-la en fines lamelles ou râpez-la. Ciselez la ciboulette.

2 Faites mousser 20 g de beurre. Ajoutez l'oignon et l'ail et laissez blondir 2 min. Ajoutez les champignons et le reste de beurre. Laissez colorer, puis mélangez l'ensemble 1 min. Assaisonnez et débarrassez dans un bol.

3 Cassez les œufs dans un grand bol. Assaisonnez de 2 pincées de sel et battez à la fourchette jusqu'à ce que blancs et jaunes soient bien mélangés.

4 Versez les œufs battus dans une poêle sur feu vif. Raclez les bords et le fond de la poêle avec une spatule pendant 1 min. Baissez à feu moyen et laissez cuire 30 sec.

5 Décollez les bords avec la spatule, penchez la poêle et décollez le fond en roulant doucement l'omelette jusqu'au centre.

6 Ajoutez le mélange aux champignons, parsemez de ciboulette ciselée, garnissez de tomme et assaisonnez de 2 tours de moulin à poivre.

7 Décollez le bord opposé de l'omelette avec une spatule. En tenant fermement le manche de la poêle, tapez dessus avec la main opposée pour soulever le bord de l'omelette.

8 Renversez l'omelette sur un plat pour la rouler sur elle-même. Salez, poivrez.

9 Servez avec une salade assaisonnée d'une vinaigrette.

TORTILLA
DE RESTES

POUR
4 personnes

—

3 à 5 œufs (+ si on en a, des restes de blancs ou de jaunes d'œufs)
Fleur de sel
Poivre du moulin
Restes de tagliatelle carbonara
Restes de riz cuit (250 g)
Restes de lentilles corail cuites (200 g)
Restes de tomates crues (100 g)
Reste d'herbes (persil, aneth) ciselées
Restes de parmesan en copeaux
Restes de feta émiettée (100 g)
1 gousse d'ail hachée
1 gros oignon ciselé
Reste de piment émincé finement

1 APPAREIL À TORTILLA

Battez les œufs avec 1 pincée de sel et de poivre moulu. Ajoutez les pâtes, le riz, les lentilles et les tomates, mélangez. Incorporez les herbes, le parmesan et la feta.

2 CUISSON

Faites chauffer 2 c. à s. d'huile d'olive dans la poêle et ajoutez l'ail, l'oignon et le piment. Versez l'appareil à tortilla, couvrez et laissez cuire à feu moyen pendant 10 min environ. Placez une grande assiette ou une planche sur la poêle et retournez-la pour renverser la tortilla. Glissez la tortilla dans la poêle et laissez cuire 3 à 5 min. Coupez des parts et dégustez chaud, tiède ou froid.

REMARQUE

L'idée de cette recette est d'utiliser en fin de semaine tous les petits restes du frigo en les mélangeant à des œufs pour en faire une tortilla complète, croustillante à l'extérieur et moelleuse à l'intérieur. En respectant 2 règles si possible :

1 - Ne pas mélanger poisson et viande;

2 - Partir d'une base oignon + ail pour donner du goût.

PATATOPIZZA

POUR
2 personnes

—

PÂTE
500 g pommes de terre agria
1 pincée de sel
2 pincées de piment d'Espelette
4 c. à s. d'huile d'olive

GARNITURE
350 g de passata
1 pincée de sel
Huile d'olive
2 branches de thym
250 g de mozzarella di buffala
1 botte de basilic
1 pincée d'origan séché

1 Préchauffez le four à 220 °C. Râpez les pommes de terre à l'aide d'une râpe à fromage ou coupez de fines tranches, puis coupez-les en fines lanières.

2 Dans un grand saladier, mélangez les pommes de terre avec le sel et le piment d'Espelette.

3 Faites chauffer 2 c. à s. d'huile dans une grande poêle allant au four (30 cm de diamètre), versez les pommes de terre et laissez cuire 5 min.

4 Posez une assiette sur la galette, retournez la poêle, remettez la poêle à chauffer avec 2 c. à s. d'huile, faites glisser la galette et laissez cuire 5 min de plus.

5 Étalez la passata assaisonnée de sel et de 1 c. à s. d'huile d'olive. Déposez des gros morceaux de mozzarella. Parsemez de thym.

6 Enfournez pour 5 min. Parsemez de feuilles de basilic frais, d'origan et arrosez d'huile d'olive.

RISOTTO
DE QUINOA VERT

POUR
4 personnes

—

CRÈME PERSIL COCO
1 bouquet de persil (ou autres herbes : coriandre, basilic, fanes de radis…)
Sel
15 cl de lait de coco (ou de crème liquide)

RISOTTO
1 oignon
Huile d'olive
250 g de quinoa
50 ml de vin blanc
60 g de parmesan
1 citron jaune

FINITION
Cébette
Parmesan
Sel, poivre du moulin

1 CRÈME PERSIL COCO

Effeuillez le persil. Faites bouillir une grande casserole d'eau salée, ajoutez les feuilles de persil et laissez cuire 1 min. Égouttez et mixez avec le lait de coco.

2 RISOTTO

Ciselez l'oignon. Faites chauffer 1 c. à s. d'huile d'olive et faites revenir l'oignon 1 min sur feu moyen-vif. Ajoutez le quinoa et faites revenir 30 sec. Déglacez avec le vin blanc, ajoutez 40 cl d'eau et laissez mijoter à feu moyen. Laissez cuire jusqu'à ce que le quinoa soit juste transparent en surface (comptez 6-7 min pour une cuisson al dente). Ajoutez la crème persil coco, le parmesan râpé, le zeste de citron râpé, 4 c. à s. d'huile d'olive et le jus de ½ citron. Mélangez 1 min à feu très doux pour bien lier le tout.

3 FINITION

Servez avec de la cébette émincée et des copeaux de parmesan, assaisonné de sel et de poivre du moulin.

TIPS
Pour varier les plaisirs, vous pouvez remplacer le persil par de la coriandre, du basilic ou de l'estragon.

CHAKCHOUKA

POUR
4 personnes

—

GARNITURE
2 gousses d'ail
1 oignon blanc
½ piment vert long
½ piment rouge long
10 branches de persil
10 branches de coriandre
½ poivron rouge
10 tomates cerises colorées
4 c. à s. d'huile d'olive
500 g de passata
1 pincée de cumin en poudre
1 pincée de coriandre en grains
1 pincée d'origan séché
1 pincée de zaatar
Sel
8 œufs

FINITION
4 tomates cerises colorées
Feuilles de coriandre

1 LÉGUMES

Hachez l'ail, émincez l'oignon. Coupez les piments en 2, retirez les graines, émincez une partie en fines rondelles et hachez finement le reste. Ciselez les herbes. Coupez le poivron en fines lamelles. Coupez les tomates cerises en 2.

2 CUISSON

Faites chauffer l'huile d'olive sur feu vif et faites revenir l'oignon et l'ail pendant 2 min. Ajoutez poivron et piments (gardez quelques rondelles pour la finition) et faites revenir 1 min. Ajoutez les tomates cerises, la passata, les herbes, les épices et 2 pincées de sel. Mélangez et baissez sur feu moyen. Formez 8 trous et mettez 1 œuf cassé dans chaque trou. Faites cuire 2-3 min à couvert et à feu moyen.

3 FINITION

Servez avec des rondelles de piment cru, les tomates cerises coupées en 2 et quelques feuilles de coriandre.

FISH & CHIPS

POUR
4 personnes

—

MAYONNAISE
1 jaune d'œuf à température ambiante
1 c. à s. de moutarde à température ambiante
200 g d'huile de pépin de raisin
1 pincée de sel
1 pincée de poivre noir moulu
2 c. à c. de paprika fumé
2 c. à c. de piment d'Espelette
1 c. à s. de vinaigre de xérès

POISSON FRIT
1,5 l d'huile de cuisson
350 g de farine
20 cl d'eau
1 œuf
1 pincée de sel
½ c. à c. de levure chimique
6 filets de merlan de 100 g

CHIPS
1 pomme de terre type agria
1 radis green meat
50 g de farine

FINITION
1 citron vert

1 MAYONNAISE

Fouettez le jaune d'œuf avec la moutarde et ajoutez l'huile en mince filet en continuant de fouetter pour faire monter la mayonnaise. Assaisonnez de sel, poivre, paprika, piment d'Espelette et mélangez. Ajoutez le vinaigre, mélangez et placez au frais.

2 POISSON FRIT

Préchauffez le four à 180 °C. Faites chauffer l'huile de cuisson dans une grande casserole. Mélangez la farine avec l'eau, l'œuf, 1 pincée de sel et la levure. Trempez chaque filet de poisson dans le mélange farine/eau/levure, puis plongez-les dans l'huile à 180 °C, et laissez-les frire jusqu'à ce qu'ils prennent une belle couleur dorée (3 min environ). Égouttez-les et enfournez-les aussitôt sur une plaque couverte de papier cuisson pendant 3 min.

3 CHIPS

Découpez les légumes en fines rondelles à l'aide d'une mandoline. Pendant que les poissons panés sont au four, trempez les rondelles de pommes de terre et de radis dans la farine et plongez-les dans l'huile bouillante pour 2 ou 3 min de manière à obtenir une belle coloration.

4 FINITION

Servez aussitôt avec la mayonnaise et des tranches de citron vert à presser sur le poisson.

TIPS
Réalisez des chips à partir de n'importe quel légume : carotte, panais, betterave...

GOUJONNETTES
DE MAIGRE

POUR
4 personnes

—

MAYONNAISE VERTE
1 jaune d'œuf à température ambiante
1 c. à s. de moutarde à température ambiante
200 g d'huile de pépin de raisin
1 gousse d'ail hachée
Sel et poivre moulu
½ botte de persil + pour servir
15 feuilles d'estragon

GOUJONNETTES
500 g de filet de maigre
1 kg de gros sel
100 g de farine
150 g de chapelure fine
3 œufs
1,5 l d'huile de friture

FINITION
½ piment rouge long
Citron jaune
Fleur de sel

1 MAYONNAISE VERTE

Fouettez le jaune d'œuf avec la moutarde, ajoutez l'huile en mince filet en continuant de fouetter pour faire monter la mayonnaise. Assaisonnez de sel et poivre et mélangez avec l'ail haché. Hachez grossièrement, puis mixez les herbes. Ajoutez la mayonnaise et finissez de mixer. Placez au frais.

2 GOUJONNETTES

Placez la moitié du gros sel dans un plat creux, posez le filet de maigre et couvrez du reste de gros sel. Laissez reposer 6 min. Préparez 3 assiettes creuses remplies chacune de farine, chapelure et œufs battus. Faites chauffer l'huile de cuisson dans une grande casserole. Sortez le filet de poisson du sel. Rincez et séchez-le. Coupez le filet en tronçons de 6 cm, puis coupez chaque morceau en bâtonnets de 1 cm. Trempez chaque bâtonnet dans la farine, dans l'œuf battu, dans la chapelure, à nouveau dans l'œuf et, pour finir, dans la chapelure. Lorsque l'huile est bien chaude (180 °C), plongez un à un les bâtonnets panés et laissez-les frire jusqu'à ce qu'ils prennent une belle couleur dorée (comptez 2 min environ). Laissez égoutter sur du papier absorbant. Plongez les feuilles de persil restantes 15 sec dans l'huile bouillante.

3 FINITION

Servez les goujonnettes assaisonnées de fleur de sel et arrosées de jus de citron, puis accompagnées de mayo verte, de feuilles de persil frites et de fines rondelles de piment.

TIPS
Vous pouvez utiliser n'importe quel filet de poisson blanc de saison (merlan/carrelet/ turbot/sole) pour réaliser les goujonnettes.

AREPAS

POUR
4 personnes

—

PÂTE
400 g de farine de maïs
40 g de beurre froid
1 pincée de sel
18 cl de lait tiède

CUISSON
125 g de mozzarella
80 g de beurre à température ambiante

FINITION
Fleur de sel
Beurre fondu

1 PÂTE

Versez la farine de maïs sur le plan de travail et creusez un puits. Ajoutez au centre 40 g de beurre froid coupé en dés et le sel. Versez 3 c. à s. de lait tiède et commencez à mélanger du bout des doigts pour faire fondre le beurre. Ajoutez la moitié du lait restant et mélangez en écrasant avec la paume de la main pour créer une sorte de pâte sablée. Ajoutez le reste du lait en continuant à travailler la pâte et amassez-la en une grosse boule.

2 FAÇONNAGE

Formez de petites boules de pâte d'environ 70 g. Aplatissez-les 2 par 2 en galettes entre 2 feuilles de papier cuisson en appuyant avec le fond plat d'une casserole.

3 GARNITURE

Coupez la mozzarella en 6 tranches. Placez 1 tranche de mozzarella au centre d'une galette de maïs, couvrez d'une autre galette et soudez les bords en pinçant des 2 côtés pour les coller.

4 CUISSON

Faites mousser la moitié du beurre dans une poêle sur feu moyen-vif. Faites cuire les arepas 3 min de chaque côté. Dès que le beurre fondu devient trop brun, ajoutez du beurre supplémentaire.

TIPS
Servez assaisonné de fleur de sel avec une noisette de beurre fondu.

NUGGETS

POUR
4 personnes

—

SAUCE GRIBICHE
1 jaune d'œuf à température ambiante
1 c. à s. de moutarde à température ambiante
200 g d'huile de pépin de raisin
Sel et poivre moulu
10 feuilles de persil
2 branches de cerfeuil
3 feuilles d'estragon
4 cornichons
15 câpres

NUGGETS
1,5 l d'huile de friture
20 cl d'eau
350 g de farine
1 c. à c. de curcuma
1 c. à c. de curry
1 pincée de sel
400 g de blancs de poulet
100 g de pétales de maïs soufflés

FINITION
1 c. à c. de paprika
1 c. à c. d'origan
1 c. à c. de fleur de sel
1 citron vert

1 SAUCE GRIBICHE

Fouettez le jaune d'œuf avec la moutarde et ajoutez l'huile en mince filet en continuant de fouetter pour faire monter la mayonnaise. Assaisonnez de sel et de poivre et mélangez. Ciselez finement les herbes, hachez les cornichons et les câpres. Incorporez le tout à la mayonnaise. Placez au frais.

2 NUGGETS

Faites chauffer l'huile de cuisson dans une grande casserole. Mélangez l'eau avec la farine, le curcuma, le curry et le sel. Préchauffez le four à 180 °C. Taillez les blancs de poulet en 4. Trempez chaque morceau dans le mélange farine/eau, puis roulez-les dans les pétales de maïs. Plongez les morceaux panés dans l'huile lorsqu'elle est à 160 °C. Laissez cuire 6 min. Lorsque les nuggets sont cuits, enfournez-les 2 min de plus.

3 FINITION

Mélangez le paprika avec l'origan et la fleur de sel. Servez les nuggets aussitôt sortis du four, assaisonnés de mélange au paprika et accompagnés de sauce gribiche. Arrosez de citron vert avant de déguster.

TIPS
Ajoutez 1 œuf dur haché à la sauce gribiche pour obtenir la version originale !

YAOURT
MANGUE, BASILIC, PASSION

POUR
4 personnes

—

YAOURT
1 botte de basilic effeuillée
2 citrons verts bio
500 g de yaourt grec
2 c. à s. de miel

TOPPING
1 pomme granny-smith
1 mangue bien mûre
3 fruits de la Passion
2 grappes de groseilles

FINITION
1 c. à s. de graines de chia ou de pavot
Feuilles de basilic

1 YAOURT

Ciselez finement le basilic. Râpez le zeste des citrons verts et pressez le jus. Mélangez le tout avec le yaourt et le miel.

2 TOPPING

Coupez la pomme en fins bâtonnets. Épluchez la mangue et coupez-la en fines lamelles. Taillez les fruits de la Passion en deux et récupérez la chair.

3 FINITION

Présentez le yaourt dans un grand bol, décorez de lamelles de mangue, de bâtonnets de pomme, de chair de fruits de la Passion et de groseilles. Parsemez de graines de pavot ou de chia et décorez de petites feuilles de basilic. Servez bien frais.

TIPS

Pour choisir des fruits de la Passion bien remplis, soupesez-les et choisissez les plus lourds.

MINI-CANELÉS

POUR
18 mini-canelés

—

PÂTE À CANELÉS
40 cl de lait
60 g de beurre
150 g de farine
50 g de comté
2 œufs
20 g de cassonade

1 PÂTE À CANELÉS

Préchauffez le four à 250 °C. Faites bouillir le lait avec le beurre. À la première ébullition, arrêtez la cuisson et ajoutez la farine tamisée et le comté râpé, puis fouettez pour mélanger. Fouettez les œufs avec la cassonade pour blanchir le mélange. Ajoutez à la préparation précédente et mélangez à nouveau.

2 CUISSON

Graissez un moule à mini-canelés et remplissez les empreintes de pâte. Enfournez pour 9 min, puis ouvrez la porte du four, baissez la température à 180 °C, refermez la porte et laissez cuire encore 3 min. Démoulez et servez tiède.

TIPS
Pour varier les goûts, remplacez le comté par un autre fromage à pâte dure (tomme, emmental, gruyère...).

MELON
JAMBON PORTO

POUR
4 personnes

—

PRÉPARATION
70 g de prosciutto (jambon cru)
400 g de melon jaune
1 c. à s. de porto

FINITION
80 g de graines de sarrasin
12 feuilles d'estragon ciselées

1 PRÉPARATION

Préchauffez le four à 190 °C. Étalez les tranches de prosciutto sans les superposer sur une feuille de papier cuisson. Enfournez pour 12 min. Coupez le melon en deux, égrainez, pelez, puis coupez en dés de 5 cm environ. Mélangez-les avec le porto et laissez mariner 5 min.

2 FINITION

Faites griller à sec durant 3-4 min le sarrasin dans une poêle à feu fort en remuant constamment. Réduisez en poudre le prosciutto à l'aide d'un mixeur ou en hachant au couteau. Mélangez le prosciutto avec le sarrasin dans la poêle. Roulez les morceaux de melon marinés dans ce mélange avant de servir, parsemé de feuilles d'estragon ciselées.

TEMPURA
DE LÉGUMES

POUR
4 personnes

—

LÉGUMES
1 aubergine
½ oignon rouge
½ oignon blanc
8 asperges
1 carotte
1 poireau
15 feuilles de persil
2 pincées de sel

PÂTE À TEMPURA
2 œufs
150 g de farine T45
2 pointes de couteau de curcuma
20 cl d'eau gazeuse
Sel fin

SAUCE
1 gousse d'ail
200 g de yaourt grec
2 c. à s. de tahini
1 c. à s. d'huile d'olive
1 pincée de sel
2 tours de moulin à poivre

CUISSON
Huile de friture
150 g de chapelure

1 PRÉPARATION DES LÉGUMES

Coupez l'aubergine en tranches de 1 cm et saupoudrez-les de 2 pincées de sel. Laissez-les dégorger 10 min sur un papier absorbant. Effeuillez les moitiés d'oignons. Épluchez la partie basse des asperges avec un économe et retirez le bois sur 2 cm (la partie dure du bas de l'asperge). Taillez la carotte en longs bâtonnets. Coupez le blanc de poireau en tronçons de 10 cm et détaillez-les en quartiers.

2 PÂTE À TEMPURA

Battez les œufs. Mélangez avec la farine, 1 pincée de sel et le curcuma et ajoutez l'eau gazeuse tout en fouettant.

3 SAUCE

Épluchez et hachez la gousse d'ail. Mélangez avec le yaourt grec, le tahini, l'huile d'olive, le sel et le poivre.

4 CUISSON

Faites chauffer l'huile à 180 °C. Trempez les légumes dans la pâte et saupoudrez de chapelure. Déposez-les dans l'huile bouillante et laissez cuire jusqu'à ce que la friture soit dorée. Faites frire les feuilles de persil en dernier sans les paner au préalable. Servez avec la sauce.

BRICKS
CREVETTES

POUR
4 personnes

—

BRICKS
12 gambas crues décortiquées
1 c. à s. de sauce soja
1 cm de gingembre frais épluché
1 pincée de paprika fumé
1 pincée de curry
1 pincée de piment d'Espelette
4 feuilles de brick
12 feuilles d'estragon
Huile de cuisson

SAUCE
1 cébette
¼ de piment rouge
50 g de mayonnaise
Paprika fumé
Curry en poudre

1 Déposez les gambas dans une assiette et arrosez-les de sauce soja.

2 Ajoutez le gingembre râpé et les épices. Mélangez bien l'ensemble.

3 Coupez les feuilles de brick en 3 bandes. Posez 1 gambas marinée en bas de chaque bande. Posez 1 feuille d'estragon sur la gambas.

4 Roulez le tout, puis fermez en transperçant avec une pique en bois.

5 Faites chauffer l'huile de cuisson dans une casserole à 180 °C. Plongez les bricks dans l'huile chaude 30 sec environ, jusqu'à obtenir une belle coloration dorée.

6 Ciselez la cébette et hachez le piment. Mélangez la mayonnaise avec le piment, 1 pincée de paprika et 1 pincée de curry. Parsemez de cébette ciselée. Servez avec les bricks et de la sucrine.

HALLOUMI
FRIT

POUR
4 personnes

—

HALLOUMI
400 g de halloumi
(2 morceaux de 200 g)
Huile de friture

FINITION
1 grenade
1 c. à s. de pistaches
12 olives de Kalamata
1 c. à s. de miel

1 HALLOUMI

Coupez chaque morceau de halloumi en 6 cubes. Faites chauffer l'huile de friture à 180 °C. Plongez les dés de halloumi dans l'huile de friture pendant 2 min. Sortez les dés de halloumi avec une écumoire et laissez égoutter sur un papier absorbant.

2 FINITION

Entaillez la peau de la grenade avec la pointe du couteau en 6 quartiers. Coupez-la en 2. Séparez les quartiers en les écartant le long des incisions. Tapez sur la peau en tenant chaque morceau dans une main pour faire tomber les graines. Disposez les dés de halloumi frit dans une grande assiette. Répartissez les pistaches, les olives et 2 c. à s. de graines de grenade. Arrosez de miel.

GALETTES
DE POLENTA AU CHORIZO

POUR
4 personnes

—

GALETTES
50 g de chorizo
50 g de parmesan
100 g de mozzarella
18 cl d'eau
30 g de beurre
200 g de polenta
1 pincée de sel

CUISSON
2 c. à s. d'huile d'olive

1 GALETTES

Taillez le chorizo, le parmesan et la mozzarella en petits dés. Dans une casserole, portez à ébullition l'eau et le beurre. Retirez la casserole du feu et ajoutez la polenta, la mozzarella, le sel, le parmesan et le chorizo. Laissez refroidir quelques minutes. À l'aide de vos mains, formez des boules de pâte de la grosseur d'un petit œuf puis écrasez-les avec la paume de la main pour obtenir des galettes.

2 CUISSON

Faites chauffer une poêle sur feu moyen-vif avec l'huile d'olive. Faites cuire les galettes dans la poêle 3 min de chaque côté jusqu'à obtenir une coloration dorée. Dégustez chaud !

TORTAOS

POUR
4 personnes

—

TORTAOS
100 g de carottes jaunes
100 g de carottes orange
100 g de courgettes
3 œufs
100 g de farine de tapioca
50 g de farine de blé
2 pincées de sel
2 tours de moulin à poivre
3 c. à s. d'huile d'olive
80 g de parmesan

FINITION
3 branches de coriandre
1 piment rouge long
1 c. à s. de graines de sésame
1 citron vert

1 TORTAOS

Préchauffez le four à 200 °C. Taillez les légumes en julienne. Fouettez les œufs entiers, les farines, le sel et le poivre dans un bol. Dans un grand saladier, mélangez les légumes, l'huile d'olive, 70 g de parmesan et le mélange farines-œufs assaisonné. À l'aide d'une cuillère à soupe, formez des petites galettes et étalez-les sur une plaque couverte de papier cuisson en les espaçant de 3 cm. Parsemez du reste de parmesan râpé. Enfournez pour 12 min.

2 FINITION

Effeuillez les 3 branches de coriandre. Taillez le piment en petites lamelles. Servez les tortaos parsemés de coriandre fraîche, de graines de sésame et de lamelles de piment, le tout arrosé de jus de citron vert.

PATACONES

POUR
4 personnes

—

PATACONES
3 bananes plantain vertes
Huile de friture

FINITION
Fleur de sel

1 Épluchez les bananes. Coupez-les en tronçons de 5 cm.

2 Plongez-les dans un bain de friture à 150 °C. Comptez environ 5 min de cuisson (plantez la pointe d'un couteau pour vérifier la cuisson). Égouttez-les sur du papier absorbant.

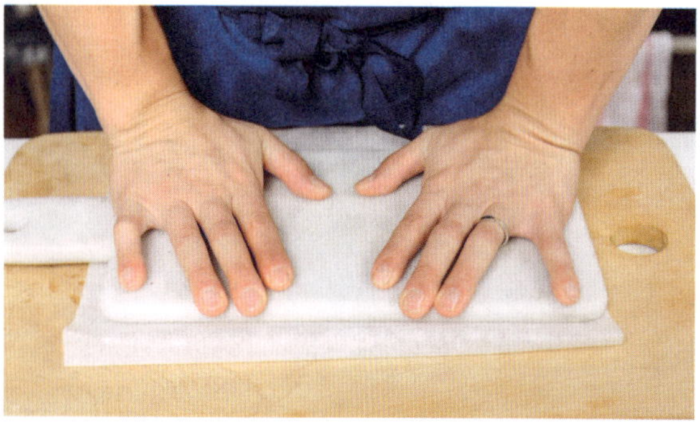

3 Déposez 1 galette entre 2 feuilles de papier cuisson. Posez une planche dessus et appuyez fort pour écraser la galette.

4 La galette doit être bien fine. Recommencez avec les autres morceaux de banane.

5 Plongez les galettes obtenues dans un bain de friture à 180 °C.

6 Laissez cuire pendant 3 à 4 min. Égouttez et laissez tiédir pour que les galettes deviennent croustillantes.

Assaisonnez de fleur de sel et dégustez.

GUACAMOLE
DE BROCOLI

POUR
4 personnes

—

GUACAMOLE
1 brocoli de 700 g
Huile d'olive
1 gousse d'ail
Sel
2 tomates épépinées
1 petit poivron vert
½ piment rouge long
¼ d'oignon rouge
10 branches de coriandre effeuillées
2 citrons verts
Moulin à poivre
Sel

SALSA
¼ d'oignon rouge émincé
Quelques lamelles de piment rouge
Les feuilles de 1 brin de coriandre
1 filet d'huile d'olive

1 GUACAMOLE

Coupez le brocoli en fleurettes, épluchez le pied pour ne garder que le cœur tendre et hachez-le. Faites cuire le tout 2 min dans de l'eau bouillante salée. Égouttez et plongez aussitôt dans l'eau glacée pour conserver la couleur bien verte. Mixez avec 3 c. à s. d'huile d'olive, la gousse d'ail épluchée et 1 pincée de sel. Découpez les tomates et le poivron vert épépiné en brunoise. Ciselez ¼ d'oignon rouge et la coriandre. Épépinez le piment rouge et hachez-le finement. Mettez le tout dans le bol du guacamole. Ajoutez le jus des 2 citrons verts, 2 tours de moulin à poivre et 1 pincée de sel. Mélangez l'ensemble délicatement avec une cuillère.

2 SALSA

Mélangez tous les ingrédients de la salsa.

3 FINITION

Déposez la salsa sur le guacamole juste avant de servir. Dégustez avec des patacones (p. 94) ou des tortilla chips.

HOUMOUS
DE CHOUX

POUR
4 personnes

—

PURÉE DE CHOUX
¼ de chou rouge
250 g de chou-fleur violet (ou blanc)
1 gousse d'ail
2 c. à s. d'huile d'olive
Sel

ASSAISONNEMENT
2 citrons
2 c. à s. de tahini
1 pincée de cumin
2 c. à s. d'huile d'olive
Sel

FINITION
2 branches de coriandre ciselée
1 citron jaune
Huile d'olive
Tranches de pain toastées

1 PURÉE DE CHOUX

Émincez le chou rouge et le chou-fleur. Hachez la gousse d'ail. Faites chauffer 2 c. à s. d'huile, faites revenir l'ail 30 sec. Ajoutez les choux, remuez 2 min. Ajoutez 20 cl d'eau, 1 pincée de sel, couvrez et faites cuire 8 min à feu moyen. Mettez la préparation dans le mixeur.

2 ASSAISONNEMENT

Ajoutez 2 zestes de citron, le tahini, le cumin, le jus des citrons, 2 c. à s. d'huile d'olive et 1 pincée de sel. Mixez jusqu'à obtenir une consistance lisse et homogène.

3 FINITION

Servez dans un plat, parsemé de coriandre, arrosé d'un filet d'huile d'olive, quelques zestes de citron jaune et accompagné de tranches de pain toastées.

TIPS
Le jus de citron sert d'antioxydant et va donner une belle couleur violette au chou rouge.

BEIGNETS
DE FLEURS DE COURGETTES

POUR
4 personnes

—

FLEURS DE COURGETTES
8 fleurs de courgettes
180 g de mozzarella
8 filets d'anchois

APPAREIL À BEIGNETS
Huile de friture
100 g de farine T45
1 c. à c. de paprika
10 cl d'eau pétillante

FINITION
Sel
Origan
Piment d'Espelette

1 FLEURS DE COURGETTES

Ouvrez délicatement les fleurs de courgettes. Retirez le pistil à l'intérieur si nécessaire. Découpez en petits dés la mozzarella. Disposez 1 c. à soupe de dés de mozzarella à l'intérieur de chaque fleur de courgette. Ajoutez 1 filet d'anchois dans chacune et refermez la fleur délicatement.

2 APPAREIL À BEIGNETS

Faites chauffer l'huile de friture à 180 °C. Battez vigoureusement la farine, 1 pincée de sel, le paprika et l'eau pétillante. Plongez une fleur de courgette dans la pâte, puis plongez-la dans l'huile bouillante. Laissez frire 1 à 2 min environ jusqu'à obtenir une belle coloration. Répétez l'opération pour les autres fleurs de courgettes.

3 FINITION

Salez les beignets dès qu'ils sortent de la friture. Assaisonnez d'origan et d'un peu de piment d'Espelette.

TIPS

Accompagnez-les d'une green mayo : fouettez 1 jaune d'œuf avec 1 c. à s. de moutarde, ajoutez 200 g d'huile en mince filet en continuant de fouetter pour faire monter la mayonnaise. Assaisonnez de sel et poivre et mélangez avec 3 gousses d'ail hachées. Hachez grossièrement, puis mixez 1 botte de coriandre. Ajoutez la mayonnaise et finissez de mixer.

CARPACCIO
DE SAINT-JACQUES

POUR
4 (en entrée)
ou 2 personnes (en plat)

—

CARPACCIO
Huile d'olive
10 noix de saint-jacques
1 citron jaune bio
1 citron vert bio

GARNITURE
½ mandarine
2 radis
¼ d'oignon rouge
1 feuille de trévise
1 pincée de graines de sésame doré
1 filet d'huile d'olive

FINITION
2 branches d'aneth
Le jus de 1 citron jaune
1 pincée de fleur de sel

1 CARPACCIO

Versez 1 c. à c. d'huile d'olive sur une feuille de papier absorbant. Essuyez la lame du couteau sur le papier pour la huiler légèrement. Placez 1 noix de saint-jacques à plat sur le plan de travail entre 2 piques à brochette pour la maintenir, faites glisser la lame le long des piques en tranchant pour obtenir des lamelles très fines et régulières. Répétez l'opération pour les autres noix de saint-jacques. Rangez les lamelles au fur et à mesure sur une assiette. Parsemez du zeste de 1 citron jaune et de 1 citron vert.

2 GARNITURE

Tranchez la mandarine en fines rondelles et coupez celles-ci en quartiers. Tranchez les radis en fines rondelles. Taillez l'oignon en très fines lamelles. Coupez la feuille de trévise en morceaux. Rangez les tranches de mandarine sur le carpaccio, ajoutez les lamelles d'oignon, les morceaux de trévise, les rondelles de radis, parsemez de graines de sésame et arrosez d'huile d'olive.

3 FINITION

Finissez par des pluches d'aneth, le jus du citron jaune et une pincée de fleur de sel. Servez aussitôt.

TIPS
Placez l'assiette de service au congélateur avant de placer les lamelles de saint-jacques afin de servir le carpaccio le plus frais possible.

CEVICHE
DE LIEU JAUNE

POUR
4 (en entrée)
ou 2 personnes (en plat)

—

SAUCE LECHE DEL TIGRE
1 bâton de citronnelle
1 gousse d'ail
100 g de gingembre frais
50 cl de lait de coco
½ oignon rouge
Le jus de 4 citrons verts
2 pincées de sel
1 pincée de poivre noir moulu
1 botte de persil
½ botte de coriandre
10 feuilles de basilic

CEVICHE
400 g de filets de lieu jaune
2 c. à s. d'huile d'olive
1 pincée de sel
1 pincée de poivre noir moulu
Le jus de 2 citrons verts

FINITION
½ oignon rouge
3 branches de coriandre
1 citron jaune
½ piment rouge long

1 SAUCE LECHE DEL TIGRE

Écrasez la citronnelle en donnant des coups dessus, coupez-la en 5 bâtonnets et placez-les dans un blender avec la gousse d'ail, le gingembre épluché, le lait de coco, le demi-oignon rouge épluché, le jus des citrons verts, le sel, le poivre et les herbes effeuillées. Mixez finement, passez au chinois en pressant avec une louche et placez au frais.

2 CEVICHE

Coupez le poisson bien frais en dés de 1 cm. Assaisonnez d'huile d'olive, sel, poivre et jus des citrons verts. Placez dans une grande assiette creuse.

3 FINITION

Ciselez finement l'oignon rouge, effeuillez la coriandre. Versez la sauce leche sur le poisson, décorez d'oignon rouge ciselé et de feuilles de coriandre. Zestez dessus un citron jaune, parsemez de piment émincé et arrosez du jus du citron jaune. Mélangez avant de servir.

TIPS
Vous pouvez réaliser cette recette avec un autre poisson : cabillaud, maigre, daurade, thon rouge de Méditerranée.

BOUILLON
DE GAMBAS

POUR
6 personnes

—

GARNITURE
1 blanc de poireau
1 carotte jaune
1 carotte orange
10 g de gingembre
1 piment rouge long
6 champignons de Paris
1 botte de coriandre

BOUILLON
1 gousse d'ail
4 l d'eau
70 g de pâte de miso
2 cl de vinaigre de riz
10 cl de sauce soja
1 c. à s. de pâte de curry rouge

CUISSON
4 cébettes
12 gambas crues décortiquées
200 g de nouilles chinoises instantanées au blé complet

ŒUFS
3 œufs

FINITION
2 c. à s. de graines de sésame toastées
1 citron vert
Fleur de sel et poivre du moulin

1 GARNITURE

Taillez le poireau et les carottes en julienne (coupez en tronçons de 5 cm, puis chaque tronçon en quartiers puis en fines lamelles). Grattez la peau du gingembre pour le peler et coupez-le en tout petits dés. Retirez les graines du piment et hachez-le. Taillez les champignons en fines lamelles. Hachez les tiges de coriandre jusqu'aux feuilles. Gardez les feuilles entières.

2 BOUILLON

Épluchez la gousse d'ail, coupez-la en 2 et écrasez-la avec le plat de la lame du couteau pour obtenir une purée. Dans une grande cocotte, mettez l'eau, le miso, le vinaigre de riz, la sauce soja, la pâte de curry rouge et l'ail haché puis portez à ébullition. Mélangez jusqu'à ce que la pâte de curry et le miso soient fondus.

3 CUISSON

Versez les légumes, le gingembre, la cébette, le piment et les gambas dans le bouillon frémissant. Laissez cuire 8 min. Ajoutez les nouilles, laissez cuire 2 min et arrêtez la cuisson.

4 ŒUFS

Dans une casserole remplie d'eau portée à ébullition, disposez les œufs délicatement et laissez frémir 8 min. Laissez refroidir dans une eau glacée, écalez et réservez dans l'eau.

5 FINITION

Servez le bouillon avec les légumes, les nouilles et les gambas, parsemez de feuilles de coriandre, de graines de sésame et de jus de citron vert. Ajoutez ½ œuf mollet. Assaisonnez de fleur de sel et de poivre.

CARPACCIO
DE LANGOUSTINES

POUR
4 personnes

—

CARPACCIO
14 langoustines crues décortiquées

SAUCE À LA MANGUE
½ mangue
Le jus de 2 citrons verts
5 cl de lait de coco
2 c. à s. de vinaigre de xérès
Curry en poudre
Sel

FINITION
¼ d'oignon rouge
2 c. à s. d'huile d'olive
1 citron vert
6 tranches de radis red meat
6 tranches de radis green meat
2 branches de coriandre
1 pincée de piment d'Espelette
1 pincée de fleur de sel

1 CARPACCIO

Ouvrez le dos des langoustines avec la pointe d'un couteau et retirez la partie grise en tirant délicatement. Rangez les langoustines côte à côte, côté fendu vers le haut sur une feuille de papier cuisson. Repliez la feuille pour couvrir les langoustines. Tapez avec le fond plat d'une casserole pour aplatir les langoustines. Décollez le papier, retournez le tout sur une grande assiette plate et retirez le papier. Réservez au frais.

2 SAUCE À LA MANGUE

Mixez la mangue, le jus de 2 citrons verts, 5 cl de lait de coco, 2 c. à s. de vinaigre de xérès, 1 pincée de curry en poudre et 1 pincée de sel.

3 FINITION

Taillez l'oignon rouge en petits dés. Mélangez avec l'huile d'olive et le jus et le zeste de 1 citron vert. Versez sur le carpaccio. Décorez de tranches de radis red meat et green meat et de feuilles de coriandre. Finissez d'une pincée de piment d'Espelette, de fleur de sel et de sauce à la mangue.

RAIE
À LA GRENOBLOISE

POUR
4 personnes

—

GRENOBLOISE
4 branches de persil
25 g de câpres
50 g de pain de mie
30 g de trévise
2 citrons jaunes

RAIE
150 g de beurre demi-sel
Sel fin
400 g d'aile de raie
50 g de farine
1 gousse d'ail

1 Effeuillez et ciselez le persil. Hachez les câpres, coupez le pain de mie en petits cubes de ½ cm.

2 Coupez grossièrement la trévise. Pelez les citrons à vif, coupez les suprêmes le long des membranes et taillez ces suprêmes en trois.

3 Faites mousser 60 g de beurre sur feu moyen-vif, assaisonnez l'aile de raie et farinez-la des deux côtés. Posez-la dans le beurre et laissez cuire 3 min en arrosant de beurre mousseux.

4 Retournez le poisson et continuez la cuisson 3 min sans cesser d'arroser de beurre chaud. Réservez l'aile de raie sur un plat chaud.

5 Dans la même poêle, faites fondre 40 g de beurre, ajoutez les cubes de pain et 1 gousse d'ail écrasée. Faites-les sauter 2 min. Versez les croûtons sur l'aile de raie.

6 Dans la même poêle, faites mousser 50 g de beurre. Ajoutez la trévise, les câpres, le persil et les cubes de citron. Laissez cuire 30 sec et versez sur l'aile de raie. Servez aussitôt, parsemé de zeste de citron et de persil.

ŒUFS COCOTTE

POUR
4 personnes

—

CRÈME AUX POIREAUX
1 blanc de poireau
1 gousse d'ail
Huile d'olive
10 champignons de Paris nettoyés
2 cives ou 1 oignon nouveau
15 feuilles de persil
1 c. à c. de curry en poudre
20 cl de crème liquide
Sel, poivre du moulin

ŒUFS COCOTTE
1 camembert coupé en 8 portions
4 œufs
Fleur de sel
Poivre du moulin
4 fines tranches de pain complet

FINITION
½ cive
Curry en poudre

1 CRÈME AUX POIREAUX

Préchauffez le four à 180 °C et enfournez les ramequins vides. Rincez bien, séchez et émincez le poireau. Épluchez, dégermez et écrasez l'ail en purée. Faites chauffer un filet d'huile d'olive dans la poêle et ajoutez le poireau et l'ail. Laissez cuire 2 min sur feu moyen. Émincez les champignons de Paris. Ajoutez-les dans la poêle et laissez cuire 2 min de plus. Ciselez les cives et le persil. Ajoutez-les aux poireaux-champignons avec le curry et la crème liquide, 2 pincées de sel et 4 tours de moulin à poivre. Portez à ébullition et baissez la cuisson à feu doux.

2 ŒUFS COCOTTE

Dans chaque ramequin, mettez 1 portion de camembert, de la crème aux poireaux, 1 œuf, 1 pincée de fleur de sel, 1 tour de moulin à poivre. Posez 1 tranche de pain et 1 portion de camembert. Enfournez 6 min.

3 FINITION

Parsemez de cive ciselée et assaisonnez de 1 pincée de curry. Servez aussitôt.

ŒUFS MEURETTE

POUR
6 personnes

—

SAUCE MEURETTE
12 oignons grelots
4 tranches épaisses de poitrine fumée
1 carotte
1 branche de thym effeuillée
1 c. à s. de farine
½ l de vin rouge
200 g de champignons boutons (ou de Paris)
20 g de beurre demi-sel
Sel et poivre du moulin
½ bouquet de ciboulette

ŒUFS POCHÉS
6 œufs
10 cl de vin rouge

FINITION
6 tranches de pain
20 g de beurre demi-sel
½ bouquet de ciboulette finement ciselée
Poivre noir moulu
Fleur de sel

1 SAUCE MEURETTE

Épluchez et coupez les oignons en quartiers. Coupez la poitrine en gros lardons. Coupez la carotte en bâtonnets puis en petits dés. Faites revenir sur feu vif les oignons et les lardons pendant 1 min, ajoutez la carotte, le thym et « singez » (ajoutez de la farine pendant la cuisson). Laissez cuire en mélangeant pendant 1 min. Ajoutez le vin rouge et poursuivez la cuisson 5 min pour faire réduire. Taillez en deux les champignons, ajoutez-les dans la sauce et laissez cuire encore 3 min. Ajoutez 20 g de beurre et « vanez » (faites des petits allers-retours) pour mélanger le beurre à la sauce. Salez et poivrez la sauce, ajoutez la moitié de la ciboulette ciselée.

2 ŒUFS POCHÉS

Faites bouillir 2 l d'eau salée avec 10 cl de vin rouge. Baissez le feu pour que le liquide frémisse. Cassez chaque œuf dans un ramequin. À l'aide d'un fouet, faites tourner l'eau de la casserole jusqu'à obtenir un tourbillon, puis disposez-y délicatement les œufs l'un après l'autre. Laissez-les pocher pendant 3 min. Débarrassez-les sur du papier absorbant à l'aide d'une écumoire.

3 FINITION

Faites toaster les tranches de pain et beurrez-les. Parsemez du reste de ciboulette ciselée. Répartissez la sauce dans 6 assiettes et posez 1 œuf dessus. Déposez 1 tranche de pain grillé à la ciboulette sur l'assiette. Assaisonnez les œufs de poivre noir moulu et de fleur de sel avant de servir. Décorez de lamelles de champignons crus.

TIPS
Le vin rouge remplace le vinaigre dans la préparation des œufs pochés.

POULET CURRY

POUR
6 personnes

—

RIZ
320 g de riz basmati

CURRY
2 bâtonnets de citronnelle
15 tomates cerises colorées
¼ d'oignon rouge
2 c. à s. d'huile de cuisson
750 g de filets de poulet
20 g de sauce soja
1 c. à s. de vinaigre de riz
2 c. à c. de pâte de curry rouge
80 cl de lait de coco
Le jus de 2 citrons verts

FINITION
6 branches de coriandre
½ piment rouge long

1 RIZ

Faites bouillir une grande casserole d'eau salée. Versez le riz et laissez cuire 11 min.

2 CURRY

Écrasez fortement la citronnelle avec le fond d'une casserole. Coupez les tomates cerises en 2. Émincez finement l'oignon rouge. Coupez le poulet en gros cubes. Faites chauffer l'huile dans une grande poêle sur feu fort et faites dorer les cubes de poulet sur toutes les faces pendant 2 min. Versez la sauce soja et le vinaigre de riz, laissez cuire 20 sec. Ajoutez la pâte de curry, le lait de coco et les bâtons de citronnelle écrasés. Laissez cuire 8 min. Retirez la citronnelle. Ajoutez le jus des citrons verts et mélangez.

3 FINITION

Égouttez le riz, dressez dans un plat de service. Garnissez de morceaux de poulet, de tomates cerises et de lamelles d'oignon rouge. Parsemez de feuilles de coriandre et de fines lamelles de piment. Servez avec la sauce bien chaude.

STEAK
À CHEVAL

POUR
2 personnes

—

SAUCE PAMPA
1 poivron rouge
1 poivron vert
1 oignon blanc
1 gousse d'ail
2 c. à s. d'huile d'olive
250 g de passata
2 pincées de sel
1 pincée de piment d'Espelette
1 pincée de poivre noir moulu

STEAKS
2 c. à s. d'huile d'olive
4 steaks hachés de 150 g

FINITION
Parmesan
4 œufs
6 feuilles de basilic

1 SAUCE PAMPA

Émincez les poivrons et l'oignon. Hachez la gousse d'ail. Faites chauffer 2 c. à s. d'huile d'olive dans une grande poêle sur feu moyen-vif. Ajoutez l'oignon et l'ail, laissez cuire 1 min en remuant, ajoutez les poivrons émincés et laissez cuire 3 min. Versez la passata, ajoutez le sel, le poivre et le piment d'Espelette. Laissez mijoter sur feu moyen le temps de préparer le reste de la recette.

2 STEAKS

Faites chauffer 2 c. à s. d'huile d'olive sur feu fort dans une poêle. Assaisonnez les steaks d'une pincée de sel sur les 2 faces et faites-les cuire selon la cuisson désirée sur les 2 faces. Débarrassez les steaks sur une assiette. Dans la même poêle, cassez les œufs et laissez-les cuire 2 min afin de conserver le jaune bien coulant.

3 FINITION

Pour chaque personne, dressez un steak, une grosse cuillerée de sauce pampa, du parmesan râpé, surmontez d'un autre steak, d'une deuxième cuillerée de sauce pampa et de 2 œufs au plat. Finissez par du parmesan râpé et 3 feuilles de basilic ciselées. Servez aussitôt.

LA CUISSON DES STEAKS
Bleu : 1 min sur chaque face.
Saignant : 2 min sur chaque face.
À point : 3 min sur chaque face.

銀三 本鍛錬

CORDON-BLEU

POUR
2 personnes

—

PANURE
100 g de farine
200 g de chapelure ou panko (chapelure japonaise)
3 œufs
1 pincée de sel

CORDONS-BLEUS
100 g de comté
2 filets de poulet de 150 g
2 tranches de jambon blanc sans nitrite

CUISSON
2 c. à s. d'huile de cuisson
1 gousse d'ail
50 g de beurre

FINITION
4 brins de persil

1 PANURE

Préchauffez le four à 180 °C. Préparez 3 grandes assiettes creuses : 1 avec la farine, 1 avec la chapelure, 1 avec les œufs battus et assaisonnés de 1 pincée de sel.

2 CORDONS-BLEUS

Coupez le comté en très fines tranches. Ouvrez le poulet en portefeuille : maintenez le filet à plat avec une main, et avec l'autre, coupez la chair dans l'épaisseur sans aller jusqu'au bout. Étalez le filet bien à plat. Posez dessus 1 tranche de jambon, puis de fines tranches de comté. Roulez le tout. Enrobez le rouleau de farine, tapotez l'excédent, trempez dans les œufs battus, trempez à nouveau dans la farine, puis dans les œufs et enfin dans la chapelure. Répétez l'opération pour l'autre filet de poulet.

3 CUISSON

Faites chauffer l'huile de cuisson sur feu moyen-vif avec la gousse d'ail entière écrasée. Lorsque l'huile est chaude, ajoutez le beurre. Lorsqu'il est fondu, posez les cordons-bleus dans la poêle. Laissez cuire environ 2 min sur chaque face, puis sur les côtés. Posez les cordons-bleus sur une plaque de cuisson et arrosez du beurre de cuisson, ou laissez dans la poêle si celle-ci peut aller au four, et enfournez 5 min.

4 FINITION

Pendant ce temps, ciselez finement le persil. Récupérez la gousse d'ail à la fin de la cuisson, pelez-la et écrasez-la. Posez les cordons-bleus dans une belle assiette. Mélangez l'ail écrasé et le persil au beurre de cuisson. Arrosez les cordons-bleus de cette sauce et servez aussitôt.

POUR PAS SE CAILLER LES MICHES

POUR
4 personnes

—

MICHE
1 belle miche de pain de campagne
1 gousse d'ail
Huile d'olive

CRÈME
25 cl de crème liquide
2 branches de thym
4 tours de moulin à poivre
300 g de comté râpé
50 g de parmesan rapé

FINITION
3 cébettes
Poivre du moulin

1 MICHE

Préchauffez le four à 180 °C. Coupez le haut de la miche de pain pour faire comme un chapeau. Retirez la mie de l'intérieur de la miche. Épluchez la gousse d'ail, coupez-la en deux et frottez-la à l'intérieur de la miche et sur la mie du chapeau. Découpez la mie en mouillettes. Placez la miche, le chapeau et les mouillettes sur une plaque allant au four, arrosez d'un filet d'huile d'olive et enfournez 10 min.

2 CRÈME

Pendant ce temps, portez la crème à ébullition dans une casserole. Arrêtez la cuisson et mélangez avec le thym effeuillé, le poivre, le comté et le parmesan râpés. Mélangez jusqu'à obtenir une texture crémeuse.

3 FINITION

Émincez les cébettes. Sortez le pain du four, frottez à nouveau l'intérieur de la miche avec le reste d'ail. Versez la crème au fromage dans le creux de la miche, parsemez de cébettes émincées et de poivre du moulin et servez aussitôt pour tremper les mouillettes de pain.

SOUPE ROUGE
AU LAIT D'AMANDE

POUR
4 personnes

—

SOUPE
150 g de myrtilles
150 g de framboises
80 g de groseilles
100 ml de lait d'amande

FINITION
Huile d'olive
Feuilles de basilic et de menthe

1 SOUPE

Mixez les myrtilles, les framboises et les groseilles avec le lait d'amande bien froid.

2 FINITION

Servez bien frais avec un filet d'huile d'olive et des feuilles de basilic et de menthe ciselées.

VOLCANS
AU CHOCOLAT SANS GLUTEN

POUR
4 personnes

—

VOLCANS
250 g de chocolat
40 g de beurre
+ 10 g pour les moules
4 œufs
50 g de sucre
1 pincées de sel

FINITION
10 framboises
10 myrtilles

1 VOLCANS

Préchauffez le four à 210 °C. Faites fondre ensemble le chocolat et le beurre au bain-marie. Séparez les blancs des jaunes d'œufs. Battez les blancs jusqu'à ce qu'ils soient semi-fermes. Ajoutez le sucre et continuez à battre pour les serrer (les rendre de plus en plus fermes). Ajoutez 1 pincée de sel et mélangez. Mélangez le chocolat et le beurre fondus. Laissez refroidir 3 min et ajoutez les jaunes d'œufs. Mélangez. Ajoutez progressivement les blancs d'œufs en neige tout en mélangeant. Beurrez 4 petits ramequins et versez la pâte à gâteau dedans. Enfournez 9 min.

2 FINITION

Écrasez les framboises dans un bol à l'aide d'une fourchette et mélangez avec les myrtilles entières. Démoulez les ramequins à la sortie du four et servez avec l'écrasé de framboises/myrtilles.

TIPS
Remplacez les fruits rouges par les fruits de saison de votre choix.

YOGOURTITO

POUR
2 personnes

—

YAOURT
200 g de yaourt grec
8 feuilles de basilic
1 citron vert
1 c. à c. d'huile d'olive
1 c. à c. de miel

FINITION
8 abricots secs
4 feuilles de basilic
2 c. à c. de pistaches hachées
Le zeste de 1 citron vert
2 tours de moulin à poivre

1 YAOURT

Mélangez le yaourt avec 8 feuilles de basilic ciselées, le zeste de 1 citron vert, l'huile d'olive et le miel. Disposez le yaourt dans une assiette creuse.

2 FINITION

Taillez les abricots secs en lamelles et rangez-les sur le yaourt avec 4 feuilles de basilic ciselées et les pistaches hachées. Assaisonnez de zeste de citron vert et de 2 tours de moulin à poivre.

ON L'A RETROUVÉE

LA BRIOCHE PERDUE

POUR
4 personnes

—

BRIOCHES
- 3 œufs
- 25 cl de lait
- 40 g de sucre cassonade
- 2 tranches bien épaisses de brioche (5 cm)

CHANTILLY
- 25 cl de crème liquide à 30 % de matières grasses bien froide
- 20 g de sucre cassonade
- 1 gousse de vanille

CUISSON
- 40 g de beurre demi-sel
- 20 g de sucre cassonade

1 BRIOCHES

Fouettez les œufs dans un grand bol. Ajoutez le lait, le sucre et mélangez. Versez dans un grand plat et mettez les tranches de brioche à tremper. Lorsque la première face est bien imbibée, retournez-la et laissez s'imbiber l'autre face.

2 CHANTILLY

Mettez la crème froide et 20 g de sucre dans le bol d'un batteur électrique. Fendez la gousse de vanille et récupérez les graines avec la pointe d'un couteau. Mettez-les dans le bol du batteur et montez la crème en chantilly dense.

3 CUISSON

Mettez le beurre dans une poêle sur feu moyen. Lorsqu'il mousse, saupoudrez d'une fine couche de sucre et posez les tranches de brioche imbibées. Saupoudrez d'une autre couche de sucre et laissez cuire en arrosant de beurre mousseux qui commence à caraméliser. Lorsque le dessous est doré, retournez les tranches de brioche et laissez cuire encore jusqu'à ce que le dessous soit doré.

4 FINITION

Servez avec la crème Chantilly à la vanille.

TIPS
Le temps d'imbibage des tranches de brioche dépend de leur fraîcheur : plus la brioche est rassise, plus il faudra la laisser s'imbiber (comptez 10 min pour une brioche de la veille et jusqu'à 1 h pour une brioche rassise).

PALLARES
SOLSONA
INOX

TIRAMISU

POUR

4 personnes

—

CRÈME

3 jaunes d'œufs
450 g de mascarpone
180 g de crème liquide 30 % de matières grasses
80 g de sucre
1 pincée de sel

BOUDOIRS

16 boudoirs
4 expressos bien serrés

FINITION

Cacao en poudre

1 CRÈME

Faites blanchir les jaunes d'œufs avec le sucre : fouettez 2 min à grande vitesse jusqu'à ce que le mélange blanchisse. Ajoutez le mascarpone et la crème, le sucre, et battez encore 2 min à vitesse moyenne. On doit obtenir une crème bien dense. Ajoutez 1 pincée de sel et mélangez bien.

2 MONTAGE

Versez le café dans un grand plat. Trempez-y les biscuits au fur et à mesure. Alternez dans le bocal une couche de biscuits imbibés, une couche de crème au masccarpone et une couche de cacao en poudre tamisé jusqu'en haut du bocal. Finissez par une couche de cacao en poudre. Placez au frais avant de déguster. L'idéal est de le laisser reposer une nuit.

VARIANTE

Pour faire un tiramisu aux agrumes, ajoutez du zeste de citron, d'orange ou de clémentine dans la crème. Ajoutez également un alcool pour faire tremper les biscuits (Cointreau, Limoncello, Grand Marnier). On peut aussi ajouter des segments d'orange entre les couches de biscuits et de crème.

SMOOTHIES

POUR
2 smoothies
de chaque

—

SHREK

1 banane
2 kiwis
1 pomme granny-smith
1 branche chou kale sans la tige
50 ml de lait d'amande

Pelez la banane et les kiwis, coupez-les en dés. Coupez la pomme en quartiers et retirez les pépins. Coupez 1 tranche en fins bâtonnets. Déchirez la feuille de chou. Mixez avec le lait d'amande bien froid. Décorez de chou kale et de bâtonnets de pomme.

JESSICA RABBIT

100 g framboises
100 g myrtilles
50 g de groseilles
10 feuilles de basilic
50 ml de lait de coco

Mixez les fruits avec les feuilles de basilic et le lait de coco bien froid. Servez avec quelques fruits entiers.

MARSUPILAMI

150 g d'ananas
1 banane
½ mangue
10 feuilles de menthe
1 pincée de curcuma
30 ml d'eau

Pelez l'ananas, la mangue et la banane. Coupez les fruits en dés. Mixez le tout avec la menthe, le curcuma et l'eau bien froide.

PORRIDGE

POUR
2 personnes

—

PORRIDGE
50 g de petits flocons d'avoine
25 cl de lait d'amande

TOPPING
15 myrtilles
15 framboises
5 abricots secs
3 dattes dénoyautées
1 c. à c. de baies de goji
5 feuilles de menthe

FINITION
Le zeste de ½ citron vert bio
5 feuilles de menthe

1 PORRIDGE

Mettez les flocons et le lait d'amande dans une casserole. Portez à ébullition, mélangez 10 sec et arrêtez la cuisson. Laissez reposer dans la casserole le temps de préparer les fruits.

2 TOPPING

Écrasez grossièrement les myrtilles avec les framboises à la fourchette. Hachez les abricots et les dattes. Mélangez la purée de fruits rouges avec les fruits secs hachés et les baies de goji. Ciselez 5 feuilles de menthe et ajoutez au mélange de fruits.

3 FINITION

Étalez le porridge dans un bol, ajoutez la purée de fruits rouges et fruits secs. Parsemez de zeste de citron avant de servir et décorez de feuilles de menthe entières.

TIPS

En hiver, remplacez les fruits rouges par un mélange de kiwi et poire ou pomme. Vous pouvez remplacer la menthe par du basilic, de l'estragon ou de la coriandre.

PANCAKES

POUR
12 pancakes

—

PANCAKES
2 œufs
30 g de sucre
65 g de beurre doux mou
+ pour la cuisson
Le zeste râpé de 1 citron
jaune bio
250 g de farine
1 sachet de levure chimique
1 pincée de sel
30 cl de lait

FINITION
10 framboises
20 myrtilles
50 g de groseilles
Le zeste de ½ citron vert bio
Miel liquide

1 PANCAKES

Battez les œufs et le sucre pour blanchir le mélange. Ajoutez le beurre pommade et le zeste de citron, fouettez. Ajoutez la farine et la levure tamisées ensemble, le sel et mélangez. Ajoutez le lait petit à petit en fouettant. Faites chauffer la poêle beurrée sur feu moyen-vif. Versez 1 louche de pâte et laissez cuire 30 sec environ. Des bulles doivent apparaître en surface. Retournez à l'aide d'une spatule et laissez cuire encore 30 sec.

2 FINITION

Écrasez grossièrement les framboises avec les myrtilles et les groseilles. Étalez cette purée sur la pile de pancakes, saupoudrez de zestes de citron vert et arrosez de miel.

TIPS

Remplacez la moitié de la farine par de la farine de sarrasin ou de châtaigne.
En hiver, remplacez les fruits rouges par de la confiture ou des segments d'orange/pamplemousse.

OMELETTE
SOUFFLÉE

POUR
4 personnes

—

OMELETTE
4 œufs
80 g de parmesan râpé
50 g de beurre demi-sel
1 pincée de sel
1 pincée de poivre noir moulu

FINITION
1 botte de ciboulette
Parmesan

1 APPAREIL

Cassez les œufs, séparez les jaunes des blancs. Fouettez les blancs en neige ferme. Mélangez les jaunes d'œufs avec le parmesan, le sel et le poivre. Incorporez délicatement les blancs en mélangeant sans les casser.

2 CUISSON

Faites chauffer le beurre dans une poêle sur feu moyen-vif. Lorsque le beurre mousse, versez l'appareil à omelette et laissez cuire sur feu moyen-vif jusqu'à ce qu'une croûte dorée se forme dessous.

3 FINITION

Pliez l'omelette en 2 et faites-la glisser sur une grande assiette. Servez aussitôt avec la ciboulette ciselée, parsemée de parmesan râpé.

COOKIE
GÉANT

POUR
8 personnes

—

INGRÉDIENTS
- 6 c. à s. de miel
- 300 g de chocolat noir pâtissier 70 %
- 100 g de noisettes pelées
- 240 g de cassonade
- 480 g de farine
- 15 g de levure chimique
- 180 g de beurre demi-sel mou
- 3 œufs
- 90 g d'huile d'olive

1 Préchauffez le four à 210 °C.

2 Faites chauffer le miel pour le rendre liquide. Hachez grossièrement le chocolat et les noisettes. Mélangez le sucre et la farine. Ajoutez le beurre en pommade, les œufs, l'huile d'olive, le miel et mélangez à la spatule pour obtenir une pâte homogène. Ajoutez les ¾ des pépites de chocolat et les ¾ des noisettes concassées. Mélangez.

3 Versez sur une plaque couverte de papier cuisson, parsemez du reste de pépites de chocolat et de noisettes concassées.

4 Enfournez 12 min et laissez tiédir sur la plaque.

TIPS
Remplacez une partie ou l'intégralité des noisettes par des amandes ou des noix de pécan.

PAN DE YUCA

POUR
30 pains

—

INGRÉDIENTS
25 cl de lait
125 g d'huile de pépin de raisin ou tournesol
500 g de fécule de manioc
4 g de sel
4 œufs
200 g de parmesan
200 g de gruyère râpé

1 Préchauffez le four à 200 °C.

2 Portez à ébullition le lait et l'huile. Disposez la fécule et le sel dans un bol. Versez le lait bouillant dessus. Mélangez bien.

3 Ajoutez les œufs 1 à 1 en mélangeant entre chaque. Ajoutez les fromages râpés et mélangez.

4 Formez de petites boules (de la grosseur d'une tomate cerise) et rangez-les sur une plaque couverte de papier cuisson.

5 Enfournez 12 min. Servez dès la sortie du four.

BROUILLADE
À LA TRUITE FUMÉE

POUR
4 personnes

—

ŒUFS BROUILLÉS
12 œufs
Sel
40 g de beurre demi-sel bien froid
5 cl de crème liquide

GARNITURE
10 feuilles de basilic
200 g de tomates cerises
3 petites tranches de truite fumée

FINITION
Piment d'Espelette
1 citron
Quelques feuilles de basilic

1 Cassez les œufs dans un bol, assaisonnez d'une pincée de sel et fouettez pour bien mélanger les blancs et les jaunes.

2 Ciselez le basilic et coupez les tomates cerises en 2. Taillez la truite fumée en grosses lanières.

3 Faites fondre 20 g de beurre dans une casserole. Lorsqu'il mousse, ajoutez les œufs.

4 Laissez cuire sur feu moyen-vif en remuant avec une cuillère en bois pour décoller ce qui coagule au fond de la casserole. Comptez 3 min de cuisson totale.

5 Hors du feu, ajoutez le reste de beurre coupé en petits morceaux et la crème liquide. Cette technique permet de stopper la cuisson des œufs et de les garder moelleux jusqu'au moment de servir.

6 Mélangez avec les deux tiers de la truite fumée et les feuilles de basilic ciselées. Mélangez.

Servez avec des tomates cerises, des lanières de truite fumée, des feuilles de basilic et du piment d'Espelette. Arrosez de jus de citron.

ŒUFS BENEDICT

POUR
4 personnes

—

SAUCE HOLLANDAISE
250 g de beurre doux
4 œufs
1 grand bol d'eau froide
50 ml d'eau
1 citron jaune
Sel fin, poivre du moulin

ŒUFS POCHÉS
1 l d'eau
10 cl de vinaigre blanc
4 œufs
1 bol d'eau froide

FINITION
4 pains muffins
1 tranche de saumon fumé coupée en 2
4 branches de cerfeuil

1 Faites fondre le beurre dans une casserole jusqu'à ce qu'il mousse puis laissez cuire jusqu'à ce qu'il brunisse légèrement et dégage une odeur de noisette. Mettez le fond de la casserole dans un bol d'eau froide.

2 Cassez 4 œufs, récupérez les jaunes et mettez-les dans une casserole avec 50 ml d'eau.

3 Fouettez et faites cuire sur feu doux ou au bain-marie (cela prend plus de temps mais évite que les œufs coagulent), jusqu'à obtenir une texture nappante.

4 Ajoutez le beurre noisette en fin filet en fouettant vigoureusement de manière à obtenir comme une mayonnaise. Assaisonnez de sel, de poivre du moulin et du jus de citron.

5 Cassez les 4 œufs restants dans 4 ramequins pour être sûr de les garder entiers, sans crever le jaune.

6 Portez 1 l d'eau à ébullition avec 10 cl de vinaigre blanc et 1 pincée de sel. Baissez le feu pour que l'eau frémisse, créez un tourbillon dans l'eau avec une cuillère. Pochez les œufs 1 à 1 au milieu du tourbillon.

7 Laissez cuire 3 min 30. Plongez les œufs cuits dans le bol d'eau froide. Égouttez les œufs, testez la cuisson délicatement avec un doigts et déposez-les sur un papier absorbant.

8 Toastez les muffins coupés en deux. Disposez-les dans un plat et posez ½ tranche de saumon, puis 1 œuf poché et arrosez de sauce hollandaise.

Parsemez de feuilles de cerfeuil. Assaisonnez de poivre moulu et servez aussitôt.

BETTERAVO
TOAST

POUR
2 ou 4 personnes

—

SAUCE
¼ d'oignon rouge
5 branches de persil effeuillées
100 g de yaourt grec
1 zeste de citron vert râpé
1 zeste d'orange râpé
1 zeste de citron jaune râpé
½ c. à c. de paprika
Huile d'olive

TARTINES
2 grandes tranches de pain aux graines toastées
2 betteraves (rouge, jaune, chioggia) de taille moyenne, cuites
2 c. à s. d'huile d'olive
1 c. à s. de sauce soja
Fleur de sel
½ c. à c. d'huile de sésame

FINITION
2-3 radis
Fleur de sel, poivre du moulin
1 pincée de piment d'Espelette

1 SAUCE

Hachez finement l'oignon. Ciselez le persil. Mélangez le yaourt avec le persil (sauf 1 pincée), les zestes, l'oignon haché, le paprika et un filet d'huile d'olive.

2 TARTINES

Tartinez la sauce sur les tranches de pain. Épluchez les betteraves et coupez-les en tranches pas trop fines. Mélangez-les avec 2 c. à s. d'huile d'olive, la sauce soja, 1 pincée de fleur de sel et l'huile de sésame. Rangez des tranches de betterave sur les tranches de pain tartinées.

3 FINITION

Émincez finement les radis et décorez-en les tartines. Assaisonnez de fleur de sel, poivre du moulin, piment d'Espelette, huile d'olive et parsemez du reste de persil ciselé.

SALADE
ÉPINARDS, NOIX ET FRAMBOISES

POUR
4 personnes

—

PICKLES
20 cl de vinaigre de vin blanc
50 g de sucre
½ oignon rouge émincé

VINAIGRETTE FRAMBOISE
15 framboises (ou autre fruit rouge)
1 citron jaune
2 c. à s. d'huile d'olive
Fleur de sel
2 branches d'aneth

SALADE
125 g de pousses d'épinards lavées
1 poignée de cerneaux de noix
15 framboises (ou autre fruit rouge)
30 g de parmesan

FINITION
Quelques copeaux de parmesan
1 pincée de piment d'Espelette
4 branches d'aneth
1 c. à s. d'huile d'olive

1 PICKLES

Faites bouillir le vinaigre avec le sucre et 5 cl d'eau. Versez sur l'oignon émincé et laissez reposer. Mettez 4 c. à s. du liquide de côté.

2 VINAIGRETTE FRAMBOISE

Dans un bol, mettez 15 framboises, le liquide réservé des pickles, le zeste et le jus du citron. Ajoutez 2 c. à s. d'huile d'olive, 1 pincée de sel et l'aneth ciselé. Écrasez avec une fourchette.

3 SALADE

Mélangez dans un saladier les pousses d'épinards avec 4 c. à s. de la vinaigrette aux framboises, les cerneaux de noix, le reste des framboises et le parmesan râpé. Coupez les pickles d'oignon en petits dés et ajoutez-les à la salade. Mélangez l'ensemble délicatement.

4 FINITION

Servez avec des copeaux de parmesan, le piment d'Espelette, les pluches d'aneth et arrosez du reste de vinaigrette et d'huile d'olive.

MADELEINES

POUR
20 madeleines

—

MADELEINES
150 g de beurre doux
+ pour beurrer la plaque
4 œufs entiers
2 jaunes d'œufs
135 g de sucre
1 gousse de vanille
125 g de farine + pour fariner la plaque
5 g de levure chimique
Le zeste râpé de 1 citron vert bio
1 pincée de sel fin

FINITION
150 g de chocolat noir

1 PÂTE À MADELEINES

Préchauffez le four à 210 °C. Faites fondre le beurre dans une casserole sur feu doux. Lorsqu'il mousse, surveillez jusqu'à ce qu'il prenne une teinte légèrement ambrée et que se dégage une odeur de noisette. Laissez refroidir dans la casserole. Mélangez les œufs entiers et les jaunes avec le sucre et fouettez à grande vitesse jusqu'à ce que le mélange blanchisse. Fendez la gousse de vanille et récupérez les graines. Tamisez ensemble la farine et la levure et ajoutez au mélange œufs + sucre. Mélangez et ajoutez les graines de vanille, le zeste de citron, la pincée de sel et le beurre noisette refroidi. Mélangez de nouveau.

2 CUISSON

Beurrez la plaque à madeleines et faites tomber dessus un voile de farine tamisée. Versez la pâte dans les empreintes. Enfournez 8 min, puis ouvrez la porte du four, baissez la température à 170 °C, fermez la porte du four et laissez cuire encore 3 min.

3 FINITION

Faites fondre le chocolat et trempez les madeleines avant de déguster.

MINI-CROQUE
TRUFFÉ

POUR
4 personnes

—

SAUCE MORNAY AU BREBIS
50 g de beurre
50 g de farine
35 cl de lait
1 pincée de sel
200 g de tomme de brebis râpée

CROQUE
1 pain de mie du boulanger
50 g de tomme de brebis râpée
1 petite truffe râpée (10 g)
2 tranches de jambon blanc sans nitrites

1 SAUCE MORNAY AU BREBIS

Dans une casserole, faites fondre le beurre. Lorsqu'il mousse, ajoutez la farine, mélangez avec le lait, 1 pincée de sel et laissez cuire sur feu doux en remuant jusqu'à ce que le mélange nappe la spatule. Ajoutez 200 g de tomme de brebis râpée et mélangez.

2 CROQUE

Préchauffez le four à 180 °C. Coupez le pain de mie dans la longueur pour faire 2 grandes tranches. Coupez les bords pour retirer les croûtes. Tartinez une tranche de pain de mie de sauce mornay au brebis, étalez les tranches de jambon, la moitié de la tomme râpée et les morceaux de truffe. Posez la deuxième tranche dessus, tartinez du reste de sauce, râpez le reste de la tomme dessus. Enfournez 10 min. Découpez des mini-croque de 2 à 3 cm de large et servez aussitôt.

TIPS
Acheter son pain de mie chez le boulanger permet de faire de belles et grandes tranches pour réaliser un grand croque à couper en parts.

SANDWICH
PASTRAMI

POUR
2 personnes

—

INGRÉDIENTS
30 g de beurre
4 tranches de pain de mie
100 g de gruyère
8 tranches de pastrami
2 poignées de roquette

1 SANDWICH

Beurrez les 4 tranches de pain. Coupez le gruyère en très fines tranches ou râpez-le. Posez 2 tranches de pain face beurrée dessous. Superposez sur chaque tranche 25 g de fromage, 4 tranches de pastrami, la roquette et finissez par 25 g de fromage. Posez les tranches de pain face beurrée vers le haut.

2 CUISSON

Faites chauffer un appareil à gaufres et faites cuire les sandwichs 6 min environ en les pressant bien. Ils doivent être bien dorés. Servez aussitôt.

BLINIS
DE MAÏS

POUR
4 personnes
(8 blinis)

—

BLINIS
280 g de maïs bio en conserve égoutté (2 petites boîtes)
150 g de lait
3 c. à s. de farine
1 sachet de levure chimique
2 pincées de sel
2 œufs
80 g de beurre

FINITION
8 c. à c. de crème fraîche
1 petit bouquet de ciboulette ciselé
8 tranches de truite fumée
1 citron jaune
Poivre du moulin

1 Mixez le maïs avec le lait, la farine, la levure, le sel et les œufs pour obtenir une crème lisse.

2 Faites chauffer une poêle avec le beurre jusqu'à ce qu'il mousse.

3 Versez deux ou trois louches de pâte dans la poêle en les espaçant un peu.

4 Laissez cuire chaque blini environ 1 min 30 de chaque côté.

5 Posez un blini sur une assiette, étalez 1 cuillerée de crème fraîche, 1 pincée de ciboulette ciselée et 1 tranche de truite fumée. Continuez jusqu'à épuisement des ingrédients.

6 Finissez par 1 tranche de truite fumée et 1 pincée de ciboulette. Assaisonnez de poivre et arrosez de jus de citron avant de servir. Dégustez sans attendre.

TRUFFES
CACAO

POUR
Une vingtaine de truffes

—

TRUFFES
150 g chocolat pâtissier
à 70 % de cacao
1 bol de glaçons
150 g de crème liquide
1 c. à c. d'huile d'olive
1 pincée de fleur de sel

FINITION
Cacao en poudre

1 TRUFFES

Cassez le chocolat en carrés. Mettez dans un grand bol et posez ce bol dans un saladier rempli de glaçons. Faites bouillir la crème sur feu doux. Arrêtez aux premières bulles et versez sur le chocolat. Ajoutez l'huile d'olive et la fleur de sel. Remuez jusqu'à obtenir un mélange homogène. Laissez refroidir le bol sur la glace jusqu'à ce que la ganache soit figée. Placez au frais si besoin.

2 FINITION

Pour chaque truffe, roulez l'équivalent de 1 c. à s. de ganache entre les paumes des mains et roulez-la ensuite dans le cacao en poudre.

TIPS
On utilise des glaçons pour refroidir la ganache rapidement, mais on peut aussi couvrir le bol avec du film alimentaire au contact de la ganache et laisser refroidir 2 h minimum au réfrigérateur avant de former les truffes.

TABLETTE XXL

POUR
6-8 personnes

—

INGRÉDIENTS
400 g de chocolat noir
60 g de noisettes
60 g de noix de cajou
60 g d'abricots secs
30 g de graines de tournesol
30 g de graines de courge

1 Faites fondre le chocolat cassé en morceaux au bain-marie.

2 Concassez les noisettes et les noix de cajou. Taillez les abricots en petits dés.

3 Étalez une feuille de papier cuisson sur une plaque et versez le chocolat fondu. Parsemez du reste des ingrédients et placez la plaque au frais.

4 Une fois qu'elle est durcie, cassez la plaquette de manière irrégulière pour déguster le chocolat.

GÂTEAU YAOURT
AUX AGRUMES

POUR
2 personnes

—

PÂTE À GÂTEAU
2 pots de 100 g de yaourt grec
1 pot de farine
1 pot de sucre
1 sachet de levure chimique
1 œuf
Le zeste de 1 citron vert
Le zeste de 1 citron jaune
Le zeste de 1 orange sanguine

CUISSON
10 g de beurre

1 PÂTE À GÂTEAU

Préchauffez le four à 210 °C. Mélangez le yaourt, la farine, le sucre et la levure chimique. Ajoutez l'œuf et mélangez de nouveau. Ajoutez les zestes râpés, (gardez une partie pour décorer au moment de servir), mélangez de nouveau.

2 CUISSON

Beurrez un petit moule à gâteau (20 cm de diamètre) et versez l'appareil à gâteau. Enfournez 11 min. Parsemez du reste de zeste râpé avant de servir.

TIPS
N'hésitez pas à varier les agrumes : mandarine, pamplemousse, main de Bouddha...

MUG CAKE

POUR
1 mug cake

—

APPAREIL À CAKE
1 banane
1 œuf
50 g de farine
½ sachet de levure chimique
30 g de sucre cassonade
1 pincée de fleur de sel
1 c. à s. d'huile d'olive
30 g de chocolat noir haché en gros morceaux

CUISSON
Huile
1 pincée de noix de coco râpée

1 APPAREIL À CAKE

Écrasez la banane en purée en gardant une rondelle de côté. Mélangez la banane écrasée avec l'œuf, la farine, la levure, la cassonade, la fleur de sel et l'huile d'olive. Ajoutez le chocolat haché et mélangez.

2 CUISSON

Huilez l'intérieur d'un mug et versez la pâte. Ajoutez dessus la rondelle de banane et saupoudrez de noix de coco râpée. Faites cuire 1 min 30 au four à micro-ondes, puissance 1000 W. Dégustez aussitôt.

TIPS
Ajoutez 1 c. à c. de cassonade sur le mug cake cuit et faites-le chauffer au chalumeau ou sous le gril du four pour faire caraméliser.

INGRÉDIENTS
DU PLACARD

CONDIMENTS
huiles,
vinaigres,
olives, câpres

FÉCULENTS ET CÉRÉALES
pâtes, nouilles chinoises, riz, quinoa, semoule, polenta, pois chiches, lentilles corail

ÉPICES ET AROMATES
sel, fleur de sel, gros sel, poivre du moulin, paprika, curcuma, curry, cumin, graines de coriandre, piment d'Espelette, laurier, thym, gingembre frais, ail, oignons (rouge, jaune, blanc)

OLÉAGINEUX
noix de cajou, amandes, noisettes

GRAINES
de chia, de sésame, de courge, de tournesol

œufs, chocolat, sauce tomate

INGRÉDIENTS
DU FRIGO

FRUITS

citrons jaunes et verts,
ananas, mangue,
kiwi, pomme,
banane, orange

HERBES FRAÎCHES

menthe, coriandre,
persil

LÉGUMES

brocoli, chou-fleur,
salades, cébettes,
poivrons, tomates,
piments frais

CRÈMERIE

crème fraîche, yaourt
grec, fromages
(comté, emmental,
parmensan, chèvre),
beurre,
lait ou boisson
végétale

chorizo

TABLE DES RECETTES

LUNCH

Salade de lentilles roses ... 6
Salade champi-figue ... 8
Salade niçoise ... 10
Salade de riz à la grecque ... 12
Rouleaux de printemps ... 14
Taboulé libanais ... 16
Salade de boulgour ... 18
Falafels ... 20
Club sandwich ... 22
Cookies flocons d'avoine ... 24
Energy balls ... 26

PASTA COSI

Coquillettes au pesto ... 28
Salade de pâtes ... 30
Linguini à la juanithaï ... 32
Pâtes à la saucisse ... 34
Penne arrabiata ... 36
Cacio e pepe ... 38
Linguine aglio olio e pepperoncini ... 40
Carbonara ... 42
Conchiglioni courgettes et feta ... 44
Pâtes fraîches ... 46
Ravioles épinards ricotta ... 48

SOIR DE SEMAINE

Soupe de lentilles corail ... 50
Salade butternut, chou kale, mandarine ... 52
Salade betterave chèvre ... 54
Tacos de salade ... 56
Couscous de chou-fleur ... 58
Omelette ... 60
Tortilla de restes ... 62
Patatopizza ... 64
Risotto de quinoa vert ... 66
Chakchouka ... 68
Fish & chips ... 70
Goujonnettes de maigre ... 72
Arepas ... 74
Nuggets ... 76
Yaourt mangue, basilic, passion ... 78

APÉRO

Mini-canelés ... 80
Melon jambon porto ... 82
Tempura de légumes ... 84
Bricks crevettes ... 86
Halloumi frit ... 88
Galettes de polenta au chorizo ... 90
Tortaos ... 92
Patacones ... 94
Guacamole de brocoli ... 96
Houmous de choux ... 98
Beignets de fleurs de courgettes ... 100

DÎNER WAHOU

Carpaccio de saint-jacques ... 102
Ceviche de lieu jaune ... 104
Bouillon de gambas ... 106
Carpaccio de langoustines ... 108
Raie à la grenobloise ... 110
Œufs cocotte ... 112
Œufs meurette ... 114
Poulet curry ... 116
Steak à cheval ... 118
Cordon-bleu ... 120
Pour pas se cailler les miches ... 122
Soupe rouge au lait d'amande ... 124
Volcans au chocolat sans gluten ... 126
Yogourtito ... 128
On l'a retrouvée (la brioche perdue) ... 130
Tiramisu ... 132

BRUNCH

Smoothies ... 134
Porridge ... 136
Pancakes ... 138
Omelette soufflée ... 140
Cookie géant ... 142
Pan de yuca ... 144
Brouillade à la truite fumée ... 146
Œufs benedict ... 148
Betteravo toast ... 150
Salade épinards, noix et framboises ... 152

TEA TIME

Madeleines ... 154
Mini-croque truffé ... 156
Sandwich pastrami ... 158
Blinis de maïs ... 160
Truffes cacao ... 162
Tablette XXL ... 164
Gâteau yaourt aux agrumes ... 166
Mug cake ... 168

INDEX

A

Abricot sec 128
Ail 40
Ananas 134
Anchois 100
Aubergine 84

B

Bacon 22
Banane 24, 134
Banane plantain 94
Basilic 28, 78, 128
Betterave 54
Beurre de cacahuète 24
Boulgour 16, 18
Brioche 130
Brocoli 96
Butternut 52

C

Camembert 112
Câpre 110
Carotte 58
Cèpe 60
Champignon de Paris 8
Chapelure 120
Chèvre 54
Chocolat 126, 142
Chorizo 90
Chou kale 52
Chou rouge 98
Chou-fleur 58, 98
Comté 80, 120, 122
Conchiglioni 44
Concombre 12
Coquillettes 28
Courgette 44, 100
Crevette 14
Curry 116

D

Datte 18, 26

E

Épinard 48
Expresso 132

F

Farine 80, 84, 138
Farine de maïs 74
Farine de tapioca 92
Fécule de manioc 144
Feta 44
Feuille de brick 86
Feuille de riz 14
Figue 8
Flocons d'avoine 24, 26, 136
Framboise 124, 126, 134, 136, 138
Friture 20, 70, 72, 76, 84, 88, 94, 100
Fusilli 30

G

Gambas 86, 106
Gâteaux 24, 26, 80, 126, 132, 142
Grenade 88
Gruyère 144

H

Halloumi 88

J

Jambon 82, 120

K

Kiwi 134

L

Lait 80, 130
Lait d'amande 124, 136
Lait de coco 32, 66, 104
Langoustine 108
Lentilles corail 6, 50, 62
Lieu jaune 104
Linguine 32, 40

M

Maigre 72
Mandarine 52, 102
Mangue 78, 108
Mascarpone 132
Melon 82
Menthe 14, 20
Merguez 58
Merlan 70
Miel 142
Mozzarella 74, 100
Myrtille 124, 126, 134, 136, 138

N

Noisette 142
Noix de cajou 26
Noix de saint-jacques 102
Nouilles chinoises 106

O

Œuf 10, 22, 42, 60, 62, 68, 84, 112, 114, 118, 130, 138, 140
Oignon 16, 30, 84, 114

P

Pain de campagne 122
Pain de mie 22
Pancetta 42
Parmesan 28, 42, 122, 140, 144
Passata 36, 64
Passion (fruit de la) 78
Pâtes fraîches 46
Pecorino 38
Penne 36
Persil 20, 66, 110
Pétales de maïs soufflés 76
Piment 36, 40, 68
Plats en sauce 28, 32, 34, 36, 38, 40, 42, 44, 48, 62, 66, 68, 110, 116
Pois chiches 20
Poitrine fumée 50, 114
Poivre 38
Poivron 10, 12, 56, 118
Poissons 10, 14, 70, 72, 86, 100, 102, 104, 106, 108, 110, 146, 148, 160
Polenta 90
Pomme de terre 64, 70
Porto 82
Poulet 22, 76, 116, 120

Q

Quinoa 20

R

Radis 16
Raie 110
Ravioles 48
Ricotta 48
Rigatoni 34
Riz 12, 62, 66, 116

S

Salade verte 56
Salades (plat) 6, 8, 10, 12, 16, 18, 30, 52, 54, 56, 58
Sandwichs, tartines et cie 22, 150, 156, 158
Saucisse 34
Soja 14
Soupes 50, 106, 124
Spaghetti 38
Steak hâché 118
Sucrine 10

T

Tagliatelle carbonara 62
Tomate 10, 12, 18, 62, 68
Tomme 60

V

Veggie (recettes) 6, 8, 12, 16, 18, 20, 28, 30, 32, 36, 38, 40, 44, 48, 52, 54, 60, 64, 66, 68, 74, 80, 84, 88, 92, 94, 96, 98, 112, 122, 144, 150, 152
Viandes et volailles 22, 34, 42, 50, 56, 58, 76, 90, 114, 116, 118, 120, 156, 158

Y

Yaourt grec 56, 78, 126

REMERCIEMENTS

Je tiens d'abord à remercier toutes les personnes qui me font confiance aujourd'hui et qui m'accompagnent dans mes restaurants et projets. Merci également à tous ceux qui me suivent sur les réseaux, à nos fidèles clients des restaurants : vous êtes une source d'inspiration et vous me donnez envie de faire plus chaque jour ! Vous avez eu la gentillesse de m'inviter chez vous, avec ce livre, pour vous accompagner dans cette aventure magique qu'est la cuisine.

Cet ouvrage est le travail de femmes et d'hommes extrêmement dévoués.

Merci à Francois-Laurent qui m'accompagne dans toutes mes folies culinaires et qui n'a pas dormi pendant 2 mois à cause de ce projet ! Merci à Laurène, qui a compris qu'avec moi le harcèlement était la meilleure façon d'obtenir des réponses ! Merci à Sandra de gérer le tout d'une main de maître et d'un œil aiguisé.

Merci à Fabien pour son énorme talent de photographe : tu as su capter à la perfection l'énergie qu'on a mis dans toutes nos assiettes. Merci à Sabrina, car me suivre dans les recettes est un des boulots les plus monstrueux qu'il y a car j'aime tout changer, même à la dernière minute !

Merci à Marabout de la confiance qu'ils m'accordent avec ce deuxième ouvrage, toujours avec la démarche de faire des recettes qui rendent service aux lecteurs.

Merci à toutes mes équipes pour cette famille qu'on a créée qui s'appelle Eleni ! Bon, d'accord, il y a 3 papas, mais en 2021, tout est possible. Merci PJ et Greg, mes associés et amis, sans vous rien ne serait possible !

Merci à Poulmaire de nous avoir prêté leurs bureaux pour les photos : même si parfois ça sentait le graillon, je sais que vous étiez bien contents de tout dévorer après les shoots !

Merci à Smeg de nous avoir fourni une super cuisine et tout le matériel pour réussir ce projet.

Je veux également remercier ma famille, que j'ai quittée il y a 14 ans avec la promesse de réussir à faire quelque chose de bien et de les rendre fiers. Ma, Pa, James, Mango, cuando me fui les dije que era solo par 2 anos, les pido perdon porque me enamoré de este Tierra que me adopto y hoy me siento orgulloso de décir que mi alma es colombiana y mi corazon Frances, los amo como siempre.

Je vais finir en remerciant ma meilleure compagne de route, que je n'ai plus besoin de nommer. Quand je regarde en arrière, je suis fier de ce qu'on a construit et quand je vois ce qui nous attend, je n'ai qu'une seule envie, celle de continuer.

58, rue Jean Bleuzen, 92178 Vanves Cedex

Relecture : Yumena Miyanaga et Odile Raoul

Dépôt légal : avril 2021
13-6493-0/01
ISBN : 978-2-501-15627-1
Achevé d'imprimer en avril 2021 par Stige, en Italie.

PAPIER À BASE DE FIBRES CERTIFIÉES

MARABOUT
s'engage pour l'environnement en réduisant l'empreinte carbone de ses livres.
Celle de cet exemplaire est de :
1 200 g éq. CO_2
Rendez-vous sur www.marabout-durable.fr